CB052313

GUARDIÃS DO

Amor

A MISSÃO DAS POMBAGIRAS NA TERRA

GUARDIÃS DO AMOR – a missão das pombagiras na Terra

Copyright © 2019 by Wanderley Oliveira
1ª Edição | Julho de 2019 | do 1º ao 7º milheiro

Dados Internacionais de Catalogação Pública

ANGOLA, PAI JOÃO (Espírito)
    Guardiãs do amor – a missão das pombagiras na Terra
    pelo espírito Pai João de Angola, psicografado por Wanderley Oliveira
    DUFAUX : Belo Horizonte / MG : 2019

    232 p. : 16x23 cm

    ISBN: 978-85-7219-004-6

1. Espiritismo   2. Espiritualidade   3. Relações humanas
I. Título   II. OLIVEIRA, Wanderley

CDU 133.9

Impresso no Brasil | Printed in Brazil | Presita en Brazilo

EDITORA DUFAUX
R. Contria, 759 - Alto Barroca
Belo Horizonte - MG
30431-028
(31) 3347-1531
comercial@editoradufaux.com.br
www.editoradufaux.com.br

Conforme novo acordo ortográfico da língua portuguesa ratificado em 2008.

GUARDIÃS DO

A MISSÃO DAS POMBAGIRAS NA TERRA

WANDERLEY OLIVEIRA
Pelo Espírito
PAI JOÃO DE ANGOLA
Trilogia
ESPÍRITOS DO BEM

Dufaux

Série
Espíritos do Bem

Sumário

Prefácio

AS POMBAGIRAS[1] SÃO MÃES DA ORFANDADE ESPIRITUAL HUMANA

Amados irmãos, Jesus seja conosco. Eu os abençoo com a paz do Cristo.

A Terra necessita de um novo coração após os episódios das guerras e tormentas pelos quais passou e ainda vem passando nas últimas décadas. Necessitamos de corações que alberguem a sensibilidade e a empatia nos rumos do verdadeiro amor. De pulsos vitais de bondade e compaixão nesse planeta.

As oportunas mensagens mediúnicas de Pai João de Angola cooperam com as iniciativas do bem e chamam a nossa atenção, uma vez que vêm dos benfeitores e administradores do orbe.

É urgente ampliar o afeto e a amorosidade nas diversas raças. Vivemos um momento de eleger o sagrado potencial dos sentimentos, representados pelo feminino, em todos que participam da obra de erguimento de um mundo novo, mais humano e mais civilizado.

---

[1] As pombagira são exus femininos que atuam como mensageiras entre o mundo dos Orixás – divindades afro-brasileiras – e a Terra. A pombagira está fundamentada como arquétipo criado a partir da Bombogira, originária dos cultos africanos de Angola.

Diante desse quadro, não há como deixar de mencionar a grandeza moral de Eurípedes Barsanulfo, com quem tenho trabalhado mais diretamente há muito tempo. Ele ergueu um centro de Umbanda, uma igreja evangélica, um templo católico e outras agremiações cristãs no Hospital Esperança[2], com objetivos claros de educação e desenvolvimento da fé, respeitando as diferenças e acolhendo os diferentes.

O culto à diversidade e ao estágio de evolução de cada pessoa desencarnada foi notoriamente enaltecido por esse benfeitor querido, entre tantos outros, e essa é a mensagem bendita de tolerância e aproximação que verte dos planos mais altos da vida.

Sendo muito clara e para não deixar nenhuma dúvida, há muito romantismo a respeito do que seja o mundo espiritual. Muitas pessoas, estudantes das verdades espirituais, floreiam tanto o mundo espiritual que acham que quando morremos todos os preconceitos e divisões religiosas acabam na vida astral.

Alguns asseveram com convicção: "após a morte, não há religiões e diferenças de crenças, todos trabalham juntos pelo amor". Não é bem assim, embora seja essa a meta de todos que desejam o bem da humanidade.

Nas regiões astrais mais próximas do plano físico, onde a maioria de nós estagia, tudo é muitíssimo parecido

---

[2] Hospital no plano espiritual. É uma obra de amor erguida por Eurípedes Barsanulfo para atender cristão falidos de todas as religiões.

com o que vivemos na matéria. As organizações sociais não são tão diferentes das que temos no mundo físico.

O dogmatismo, o rótulo, a preferência na forma de adoração, o separatismo e os interesses pessoais continuam dentro dos templos e das comunidades que também se formam do lado de cá. A mudança é que não há como negar a imortalidade, a sobrevivência da alma após a perda do corpo físico. Ainda assim, não é um impacto suficiente para desfazer todas as diferenças e aproximar os diferentes. As ilusões prevalecem na grande maioria das almas que atravessam os portais da morte.

Como você, que tem preferência religiosa diversa, se sentirá ao ser recebido no Hospital Esperança e ser convidado a visitar um templo sagrado de Umbanda onde rufam os atabaques em giras muito similares às da Terra? Como se sentirá ao participar de uma missa católica campal, com todos os seus rituais, sendo que adota outras práticas? Como se sentirá ao ingressar na igreja evangélica, com encontros semanais e louvores idênticos aos conhecidos na faixa material do planeta, sendo que mantinha seu conceito fixado nos rótulos de fanatismo e exagero para com esses irmãos?

Pai João nos oferece uma pálida ideia das divergências de crença e religião, detalhando o trabalho e a missão das maravilhosas pombagiras, aqui na vida do espírito imortal. E se você for socorrido por uma delas, trazendo consigo a farta e negativa interpretação que a popularidade brasileira conferiu a elas, injustamente?

As pombagiras são nossas companheiras queridas, corajosas, sensíveis e profundamente comprometidas com o bem da humanidade. São propulsoras conscientes do sagrado feminino, da força da sensibilidade e da ruptura das ilusões pelos caminhos da empatia e do amor. Verdadeiras "bombeiras da alma", sempre prontas a servir e diminuir os focos perigosos e cruéis da dor humana.

Elas são as mães que amparam a orfandade e o abandono espirituais dos corações desgastados com a solidão, o medo e a mágoa. Adotam como filhos todos os que se sentem desamparados e desprotegidos diante das provas humanas, tanto no plano físico quanto no espiritual. São um exemplo de amor incondicional e de grandeza da alma. São mães dos deserdados e angustiados.

Eu as saúdo com total reverência pela bondade que há nelas, pela presença e calor humano que espalham no mundo.

Estamos todos muito agradecidos por fazer chegar ao mundo físico os apontamentos do amado Pai João de Angola, que engrandece a função e a missão dessas Embaixadoras do Cristo. É essencial trabalhar pelo resgate da imagem dessas servidoras do bem, que tiveram os seus nomes associados à baixa magia e às infantilidades inerentes a homens e mulheres desorientados que as têm como se fossem suas serviçais para assuntos do amor e da riqueza material.

Juntando-me a elas, destinamos a todos vocês a seguinte mensagem de esperança:

"Meus filhos amados,

Escutamos a rogativa desesperada, o grito de socorro e também o pedido de orientação que partem de vocês.

Somos habilitadas a ouvir uma lágrima que rola na face de quem sofre.

Sabemos bem o que passam com as suas dores silenciosas e chegam a nós as súplicas em que pedem uma luz para resolver seus dramas.

Estamos muito atentas aos passos de todos vocês na Terra. Estamos perto do coração e da mente de cada um de vocês, mais do que imaginam.

Se não oferecemos as respostas ou se não nos pronunciamos mais claramente, não é por omissão. É porque sabemos que podem superar as suas provas. E a superação é questão de tempo.

Convém-nos não interferir naquilo que vai fortalecer a alma, ampliar o discernimento e proporcionar a maturidade de vocês.

Depois, quando a dor passar, vão nos agradecer por não tê-los retirado dos sofrimentos, porque terão em suas almas o maior tesouro da vida, que é a capacidade de enxergar por si mesmos a visão ampliada pela experiência.

Confiem. Estamos pertinho, não os desamparamos. Mas, pelo amor de Deus, tenham coragem para tomar as decisões necessárias. É a única recomendação que lhes podemos fazer por agora.

Sempre ao lado de todos, eu, Maria Modesto Cravo, em nome de milhares de servidoras do Cristo que servem ao legítimo amor, deixo a minha benção, o meu abraço de mãe e o desejo de muita saúde e paz a todos.".

MARIA MODESTO CRAVO.

BELO HORIZONTE, ABRIL DE 2019.

Introdução

POMBAGIRAS, EDUCADORAS DO SAGRADO FEMININO

As pombagiras são entidades que provocam revelação quando incorporam e interiorização quando se desconectam dos médiuns, uma vez que, conectadas ao psiquismo mediúnico, elas "explodem" o inconsciente, revelando aspectos íntimos desconhecidos. São terapeutas e educadoras naturais que colocam para fora aspectos camuflados da personalidade.

Enquanto os exus[3] incorporados vitalizam os médiuns com altas doses de energia, elas criam harmonia e poder interior para descobrir fragilidades e imperfeições que impedem, principalmente, a expressão das características femininas do ser.

Incorporar pombagira é aumentar a energia Yin[4], a força do feminino. O Yin vibra no feminino e revela os traços de ser detalhista, sensível, introspectivo, intuitivo, com ternura maternal, acolhimento e bondade.

---

[3] "Exu" é o Orixá africano da comunicação, da paciência, da ordem e da disciplina. É o guardião das aldeias, das cidades, das casas, do axé, das coisas que são feitas e do comportamento humano. Ele é quem deve receber os recursos energéticos em primeiro lugar, a fim de assegurar que tudo corra bem e que sua função de mensageiro entre o Orun (o mundo espiritual) e o Aiye (o mundo material) seja plenamente realizada. (N.E.)

[4] Yin e Yang são princípios que tratam da dualidade de tudo que existe no universo. Descrevem as duas forças fundamentais, que são opostas e complementares, que estão em todas as coisas: o Yin é o princípio feminino e o Yang é o princípio masculino.

O Yang, ao contrário, vibra no masculino, o abrangente, global, empreendedor, ativo e focado, racional, agressivo.

Pombagira é interiorização, o Yin. Exu é vitalização, o Yang.

Elas reequilibram e tonificam o excesso ou a falta de Yin tanto no homem quanto na mulher. Esse desequilíbrio pode levar a uma vida com excessos da expansão emocional e agitação no seu ritmo ou a uma vida mais contida, introspectiva, com muito sofrimento interior e apatia.

Os pontos do feminino tratados e desenvolvidos por elas são: amorosidade, carinho, sensibilidade, confiança, respeito, atenção, altruísmo, perdão, adaptação com diferenças, cuidado com o outro, gratidão, carência, força de empoderamento, entre outros.

O simples contato mediúnico com a sua força espiritual amplia a natureza luminosa do médium.

São educadoras e desenvolvedoras do sagrado feminino, e nesse aspecto são capazes de ampliar, nos homens e nas mulheres, muitas conquistas que abrem portas para um mundo mais humanizado, tais como:

PARA MULHERES:

- Ensinar o caminho para suprir a carência com o amor-próprio.
- Transformar o ciúme em ações concretas de melhoria nas relações.

- Extinguir a tormenta das mães excessivamente preocupadas com seus filhos.
- Limpar a mágoa de séculos alojada no coração humano.
- Organizar melhor as ideias e a vida emocional para aceitar as perdas.

PARA HOMENS:

- Fazer entender a importância dos cuidados com o corpo físico.
- Sensibilizar para entender e respeitar as diferenças no ser humano.
- Aumentar a compreensão sobre a importância de afazeres domésticos.
- Dilatar a pupila da alma para enxergar o pôr do sol e sentir a natureza em geral.
- Aumentar o bom senso para não se impressionar com vitórias materiais.
- Dilatar o senso de maturidade para não ultrapassar os limites com excessos de coragem.
- Ter mais atenção com as necessidades das pessoas que amam.
- Ter mais interesse em ouvir os alertas corretivos que surgem de sua família.
- Ampliar a capacidade de sentir a dor de quem passa pelo seu caminho.

Em síntese, quem deseja avançar nas conquistas que caracterizam o homem e a mulher da regeneração necessita mais contato com as pombagiras, educadoras por excelência.

Quanto mais o feminino sagrado fizer parte do caráter humano, mais perto das lições do amor nos encontraremos.

Manter contato com a falange dessas queridas educadoras só nos traz benefícios e expansão da consciência.

Torço para que este livro de Pai João de Angola colabore com o entendimento desse tema tão necessário nas esferas da espiritualização da humanidade.

Beijo na sua alma.

WANDERLEY OLIVEIRA.
BELO HORIZONTE, ABRIL DE 2019.

Mensagem mediúnica de apoio

O QUE ESTÁ ACONTECENDO COM A TERRA[5]

Existe uma energia poderosa realizando profunda transformação no planeta: a energia da Verdade. Vinda de fontes superiores, ela emana da aura dos Mestres Ascensionados em toda a nossa casa terrena.

Ela é esterilizadora, cirúrgica e vitalizadora. Opera mudanças essenciais e necessárias na mente humana.

A função dessa força é tirar o mundo da mentira construída pelos homens e da aceitação da falsidade, revelar a **autenticidade** por fora e por dentro da humanidade.

Essa energia praticamente os obriga a rever crenças, a abrir mão da teimosia em querer a vida do jeito que acham que ela deve ser, e a renunciar à tentativa de posse sobre as pessoas que amam. É o momento de completa revisão no conceito do amor, da justiça e da verdade.

Quem resiste ao toque renovador dessa frequência da autenticidade paga um alto tributo interno. O efeito é uma dolorosa sensação de desamparo e desorientação mental que retira o sentido de viver. Essa dor abre a frequência da angústia, do medo, do desespero e da tristeza.

---

[5] Esta mensagem foi psicografada por Wanderley Oliveira na madrugada de 13 de fevereiro de 2019 enquanto Pai João de Angola escrevia este livro. As pombagiras são espíritos com alto poder espiritual de autenticidade. Nos textos dessa obra ficará mais claro o "poder revelador" delas no campo mental dos médiuns, quando incorporadas ou mesmo pela emanação da irradiação da Verdade nos ambientes em que elas estejam atuando. Pombagiras são dotadas de uma força destruidora da falsidade e da mentira. (Nota do médium)

Um pesado estado íntimo de desassossego interior e cansaço com tudo.

Há um fluxo imperativo que determina uma mudança urgente do ponto de vista da **aceitação** sobre como a vida acontece e como as pessoas se organizam para seguir o seu destino e o seu mapa pessoal.

O núcleo de tudo isso é simples e claro: ou você muda o que já sabe que precisa mudar, ou a vida vai desmoronar à sua volta, reciclando freneticamente as suas ilusões.

Os seus pontos de vista e formas de entendimento já não lhe servem mais. Chegou a hora de decisão. Hora da Verdade sobre **quem é você**.

Dói muito mais resistir, que mudar. A expressão da sua autenticidade é curativa, apaziguadora e revitalizadora.

A Energia da Verdade solicita coragem para decidir, humildade para desapegar do que lhe sustentou até agora na forma de ver o mundo e muito respeito com o que você não consegue compreender por enquanto.

A vida não vai ser como você quer. As pessoas não serão como você gostaria. Abra mais os seus olhos. Intensifique mais a sua audição.

SERAPHIS BEY[6]

---

[6] Seraphis Bey é considerado um dos Mestres da Sabedoria Antiga e Mestre Ascensionado da Grande Fraternidade Branca. Ele é considerado como o Senhor do Quarto Raio – branco cristalino.

OS PILARES DA VERDADEIRA PROTEÇÃO ESPIRITUAL, POIS NÃO BASTA ORAR E VIGIAR

Estamos no oitavo andar de uma grande empresa na cidade do Rio de Janeiro. Da janela, podíamos avistar a beleza da Ponte Rio-Niterói. Em seu escritório, Renato, um homem de 40 anos, encontrava-se absorvido em profundas reflexões, olhando a beleza do mar à sua frente. A sua mente atordoada pensava: — "Meu Deus, o que acontece comigo? Minha vida até aqui foi pautada na leveza de consciência. Por qual motivo essa mulher mexeu tanto com a minha cabeça e o meu coração? Já tive tantas oportunidades para o envolvimento afetivo e sexual, e agora, depois de uma vida limpa, me surge isso. Será uma obsessão? Será um laço de outras vidas? Preciso me concentrar nas coisas que tenho que fazer e não consigo. Meu Deus! Que tipo de experiência é essa que toma conta da minha mente a esse ponto? Olho a ponte que tanto amo, fico a imaginar que tudo passou a ter um outro sentido, está sem graça. Olho e não sinto a mesma beleza. Meu íntimo está bagunçado, inquieto. Já fiz minhas orações e nada mudou. Cheguei a sonhar com Vilma essa noite. Ai meu Deus! Pronunciar o nome dela me altera. Sinto vontade de rir de alegria com as lembranças da voz dela, ao mesmo tempo constranjo-me por dentro por fazer algo proibido na minha caminhada. Será que busco um tratamento no centro? Que coisa! Nunca pensei nisso, mas não confio o bastante em ninguém no centro para dividir minha dor. Imagino a natureza dos conselhos que vou receber."

Nossa equipe ouvia os pensamentos de Renato como se falasse em voz alta.

Ali estávamos a pedido de dona Modesta[7], para investigar o que acontecia com aquele homem. As suas preces foram registradas em nossos núcleos de apoio. Dona Modesta, que não teve oportunidade para uma investigação mais profunda, nos pediu a análise do caso. Ela suspeitava de alguma cilada espiritual que necessitava de um exame mais de perto.

Renato, além de rico e grande empresário, era também o idealizador de um grande projeto espírita de amor ao próximo. Homem bom, fiel e pai de dois filhos jovens.

Além de nós, ali se encontravam alguns de nossos colaboradores técnicos do Hospital Esperança e o nosso querido Baixinho, apelido carinhoso de um dos integrantes da hierarquia de Exu Marabô[8].

Baixinho tinha pouco mais de um metro, totalmente careca, com olhos enormes e amarelos cor de ouro, algo inusitado nos perfis perispirituais, que lembravam os olhos de uma águia. Um personagem exótico para os padrões mais conservadores. Adorava usar calças até o meio da barriga saliente, apertando bem o cinto, e só andava descalço.

---

[7] Apelido carinhoso de Maria Modesto Cravo.

[8] "Exu Marabô" é um dos exus mais reconhecidos por resolver, realmente, os problemas que são tratados com ele. Marabô, mais frequentemente, é um servidor da vibração do Orixá Xangô e também de Iansã, cumpridor da justiça com grande habilidade de lidar com as forças da natureza. Sua autoridade e poder são inquestionáveis. Detentor de vasto conhecimento, onde ele se apresenta é respeitado e temido, assim como os outros de sua falange.

Eram hábitos trazidos da última reencarnação. Dotado de um "faro mental" excepcional, ele atuava como um investigador em nossos serviços, sendo capaz de perceber as mais sutis formas de camuflagem de desencarnados. Enquanto ouvíamos o pensamento de Renato, ele passava um radar mental no ambiente e, de repente, nos disse:

— Pai João, percebi algo.

— O que foi Baixinho?

— Não está nesse andar. Estou vendo um fio entre Renato e alguém. Vamos acompanhar.

— Sim, faça isso, vamos segui-lo.

— Fiquem mais distantes, porque vou me camuflar, encolhendo a minha irradiação.

— Faça isso.

Descemos três andares. Seguimos com certa dificuldade o rastro astral de Baixinho, que praticamente sumiu aos nossos olhos, deixando apenas uma silhueta de sua imagem, e chegamos ao andar onde se encontrava Vilma.

Moça jovem, de menos de 30 anos, linda e esbelta. Estava trabalhando com o olhar divagando em lembranças. Baixinho aproximou-se dela e viu uma conexão espiritual ligada a ela naquele ambiente.

— Pai João, tem uma falsa pombagira[9] aqui. Veja, lá está ela – e apontou para um canto atrás de uma pilastra.

---

[9] Esses espíritos pertencem à classe dos quiumbas, desordeiros e marginais no mundo espiritual. Os quiumbas são espíritos ainda muito ligados às sensações físicas e alguns carregam perturbações mentais e emocionais graves. Em geral, são corruptos e se apropriam de nomes de entidades de grande expressividade nas regiões astrais inferiores para poder se impor. Utilizam o nome dos dragões, dos

Bastou identificá-la e ela saiu correndo do ambiente. Baixinho saiu em disparada, volitando atrás dela. Nós ficamos no ambiente, cientes de que ele a localizaria, como já fez outras vezes, e nos traria as informações necessárias.

Enquanto isso, aproximamo-nos de Vilma, cujos pensamentos estavam todos voltados para Renato. Sonhava alto com a possibilidade de conquistá-lo e pensava: — "Nossa, nunca ninguém mexeu tanto assim comigo. A pombagira estava certa. É o homem da minha vida. Além dela me arrumar um emprego, me deu de presente uma pessoa como ele. E vi que se interessou por mim. Não teve como disfarçar quando me conheceu, ou será que estou enganada? O único problema é ser casado. Será que ele é bem casado? Como gostaria de saber mais sobre ele. Preciso de informações. Farei mais amizades em meu novo emprego para apurar isso. Eu tenho certeza de que ele me olhou de um jeito diferente. Será que estou viajando? Talvez esteja. Por que o dono disso tudo aqui olharia pra mim? Ave Maria! Não consigo nem trabalhar. Custei a arrumar esse emprego e agora isso. Parece que tenho o vício de arrumar problemas. Antes sofria por falta de dinheiro, agora tenho emprego e arrumo problema de amor. Mas vou confiar no que me disse a pombagira. Os espíritos sabem das coisas. Na próxima sessão vou resolver esse assunto com ela, afinal paguei muito caro pelo que pedi."

exus e até de entidades de grande elevação espiritual – do livro Guardiões do carma, autoria espiritual de Pai João de Angola, psicografado pelo médium Wanderley Oliveira, capítulo "Apontamentos sobre os exus e os guardiões" – Editora Dufaux.

Uma senhora muito gentil, aos nos ver atentos a ela, se aproximou e disse:

— Sou a mãe de Vilma. Vocês vieram a pedido de dona Modesta, não foi?

— Sim, viemos. Sou o Pai João de Angola, e esses são trabalhadores do Hospital Esperança – falei, apresentando os amigos que nos acompanhavam.

— Sou grata pela presença de vocês. Já os esperava. Meu nome é Matilde. Estava aqui na espreita para ver se aquela mulher faria algo com minha filha. Quando ela os viu, percebi que se apavorou.

— Matilde, você pode nos colocar a par do que acontece com a sua filha?

— Ela foi sempre muito sonhadora, Pai João de Angola.

— Pode me chamar apenas de Pai João, por caridade.

— Sim, Pai João. Uma sonhadora irreverente e muito preguiçosa.

— Há quanto tempo trabalha aqui?

— Há apenas 30 dias, e já está arrumando confusão com colegas e agora essa ilusão com o próprio patrão.

— Aconteceu algo entre eles?

— Está por um fio. O Renato é homem bom, pelo que apurei, e está mexido mentalmente pela beleza de minha filha. Além disso, ela se envolveu com macumbarias?[10] Eu estou compondo um grupo de

---

[10] O termo "macumba" tem três significados mais comuns. Macumba é nome de um instrumento musical de percussão que os negros trouxeram da África, uma espécie de reco-reco, e aqueles que tocavam esse instrumento eram chamados de macumbeiros. É também uma designação genérica dada a vários cultos

auxiliares dirigidos pelos mentores da instituição que Renato dirige. Eles estão muito atentos à vida dele. É um homem muito protegido, pelo trabalho espiritual digno que realiza, mas tem aberto as suas próprias portas mentais para a entrada de pensamentos e sentimentos estranhos à sua conduta.

— O que sabe a respeito das macumbas?

— Muito pouco. Na condição de auxiliar na equipe, o meu papel é ficar mais perto de Vilma sempre que posso. O dia em que a segui a um lugar onde faria um trabalho, fui impedida de entrar por seguranças armados e truculentos daquele lugar.

— E qual é o perfil da personalidade dela?

— Uma moça teimosa e muito egoísta. Acredito que fará qualquer coisa para crescer materialmente. Vou precisar de muita ajuda. Não tenho a experiência suficiente para auxiliá-la. Passei para essa vida faz pouco tempo e solicitei ajuda no Hospital Esperança.

— Compreendemos, Matilde. Vamos analisar com calma e tomar providências para ampará-la. Mantenha a sua fé e a sua permanência ao lado dela. Faremos um plano de assistência e orientação para Vilma.

---

influenciados por religiões como Ocultismo, Candomblé e cultos ameríndios. Além dessas definições, o termo ainda diz respeito a trabalhos espirituais erroneamente associados com rituais satânicos ou de magia negra em função das infelizes deturpações a respeito dos cultos afro-brasileiros. Essas ideias preconceituosas surgiram a partir do sincretismo dos cultos africanos na época da escravatura e se intensificaram em meados da década de 1920, quando as igrejas cristãs do país começaram a propagar discursos negativos sobre a macumba, considerando-a profana às Leis de Deus.

Faremos contato com a equipe que protege Renato e nos prepararemos para ações mais detalhadas.

— Sou muito grata a Eurípedes Barsanulfo, que me amparou com bênçãos durante toda a minha encarnação, e agora continua me beneficiando com a ajuda do Hospital Esperança.

Ficou claro para nossa equipe, depois de várias sondagens com Renato e Vilma, que estavam em um recente momento de aproximação. Os olhares trocados, porém, estavam abrindo as portas para as experiências da paixão. Não poderíamos prever onde chegariam. Vilma e Renato se deixavam arrastar pela paixão, mas ele estava completamente angustiado. Um homem bom, de vida limpa nos assuntos do afeto e das relações sexuais. O seu coração aflito desejava Vilma, porém a sua alma gritava por socorro.

Mais um entre os muitos casos que nossa equipe atendia na rotina dos socorros espirituais. O pedido de dona Modesta não foi em vão, pelas proporções das responsabilidades sobre os ombros daquele homem. Estava praticamente configurada uma cilada espiritual para derrubar um trabalho espiritual gigantesco. Aguardaríamos as informações de Baixinho.

Horas depois, já no Hospital Esperança, fomos procurados por ele, que trouxe as novidades.

— Pai, a coisa é feia. Magia de baixo nível. A mulher pagou grana pra enfeitiçar o homem.

— E quem era a pombagira?

— Imagina?

— A Cigana da Sedução?[11]

— Ela mesma. Identificou a nossa presença na empresa de Renato, usando um rastreador de frequência, e se escondeu – ou, pelo menos, tentou se esconder. Atua agora em outro terreiro[12], e ela usa o nome de Maria Padilha.

— Onde fica?

— Surpreendentemente, em um dos bairros mais chiques do Rio.

— Já sei. Na casa de Osório?

— Lá mesmo.

— Santo Pai! Quanto carma uma organização pode puxar para si própria. Já foram várias as ocasiões que tivemos de socorrer essa casa, e parece que cada vez mais se envolve em dilemas irreparáveis.

— O dinheiro foi alto, pai. Cobrou R$ 3.000,00 na primeira consulta. Com direito a um retorno com data marcada.

— Que lamentável! Uma moça que até agora há pouco estava desempregada destinando o seu dinheiro para isso.

— Ela arrumou emprestado. Já apurei isso.

— Com quem?

---

[11] A Cigana da Sedução é uma falsa pombagira.

[12] O terreiro é um local onde ocorrem as reuniões, rituais e festas das religiões afro-brasileiras. São compostos por várias situações, desde as entidades que se manifestam até os médiuns que são os intérpretes dos espíritos, variando de acordo com a sua ramificação e com o seu dirigente, que é um pai de santo ou um mestre. Os terreiros podem ter diferentes denominações e funções, de acordo com cada linha de atuação.

— Com Lindaura, uma "amiga" que a levou. Ela costuma financiar essas consultas e cobrar juros. Virou um negócio. Ainda dá um percentual para o terreiro.

— Que triste!

— A cigana é a mesma que já conhecemos[13]?

— A própria.

Essa entidade já tinha registros em nossos atendimentos no Rio de Janeiro e algumas cidades do Nordeste, em terreiros de baixo nível moral. Conhecida como Cigana da Sedução, adotava nome de diversas pombagiras honrosas para enganar e manter a sua liderança sobre um grupo enorme de mulheres, cujos hábitos nas vivências da sexualidade eram os mais perturbadores possíveis.

Era uma cafetina no mundo espiritual e que, infelizmente, usava a honra da hierarquia das pombagiras para alcançar os seus objetivos inferiores, com a ajuda de médiuns desavisados e interesseiros.

Por sua vez, o médium Osório, que se prestava a incorporá-la, é um homem de seus 50 anos que passou por uma vida tumultuada nos assuntos da sexualidade. Pai de dois filhos, separou-se para viver uma vida homoafetiva conturbada e cheia de lances de dor e infidelidade. Era um homem infeliz e adúltero, que deixava toda a sua perturbação interior vazar na mediunidade.

Já tinha uma fama infeliz quando o conhecemos há alguns anos, em um atendimento para um famoso artista

---

[13] É importante informar que, apesar da Cigana da Sedução ser uma impostora, os ciganos, no mundo espiritual, desenvolvem um trabalho de luz em nome do Cristo.

da mídia que se envolveu com ele. O assunto foi muito divulgado e a sua casa ganhou a fama de realizar milagres, uma vez que a mídia colaborou com notícias apelativas em torno da fé.

A sua mediunidade estava direcionada para um nível moral baixo e egoístico. Sintonizar com a Cigana da Sedução foi muito fácil, com tanta energia similar e interesse material.

Infelizmente, é isso que verificamos em boa parcela das organizações que denigrem o nome das pombagiras e do uso da mediunidade com amor e com o Cristo.

Passamos a monitorar os passos de Vilma. A consulta com a pombagira que se denomina Maria Padilha estava marcada para o dia seguinte. Na hora marcada, nos dirigimos ao local e entramos sem dificuldade, usando disfarces astrais[14] que permitiam nos tornarmos, literalmente, invisíveis.

A casa estava lotada de pessoas de uma classe social com maior poder aquisitivo. O ambiente era fortemente vigiado por entidades ligadas à Cigana da Sedução. Espíritos hábeis em vigilância e que usavam, inclusive, tecnologia de detecção de energias consideradas intrusas aos fins grosseiros e infelizes que eram mantidos ali. Uma energia

---

[14] No livro de André Luiz, *Nos domínios da mediunidade*, pela psicografia de Chico Xavier, no capítulo 2, encontramos referência a um aparelho chamado de Psicoscópio que, analisando a psicoscopia de uma personalidade ou de uma equipe de trabalhadores, é possível anotar as suas possibilidades e categorizar a sua situação.

pesada, de interesses pessoais e muita perturbação, prevalecia no ambiente.

Entramos na sala onde Osório atendia. A vibração do local era ainda mais pesada, com um astral de sensualidade e malícia.

Osório usava trajes femininos nos tons de preto e vermelho. Blusa elegante, lenço no pescoço, brincos grandes, uma calça de cetim muito brilhante e colada ao corpo, finas sandálias em couro. Fumava uma cigarrilha e tomava champanhe em uma linda taça de cristal, que sustentava elegantemente entre os dedos.

O ambiente exalava uma vibração desconfortável de domínio e tensão. Quando chegou a vez de Vilma, ela entrou e assentou-se à frente de Osório, já com a pombagira incorporada, que logo disse:

— E agora, tá feliz? Já está quase nos braços dele, né?
— Quase, dona Padilha. Quase!
— E o que a moça quer hoje?
— Eu ainda não sei como chegar até ele...

Nem terminou de falar e ela interferiu:

— Nem vai precisar chegar a ele. Já estive lá. Já está tudo sendo providenciado. Ele já abriu o coração e eu deixei meu "pozinho de amor[15]". Homem bonito. Até eu queria um desses – e deu uma estridente gargalhada.

---

[15] Os ciganos, no geral, usam os pós de ervas ou minerais para realizar os seus trabalhos de magia. Nesse caso, a Cigana da Sedução, infelizmente, utiliza esses recursos, no plano espiritual, para o mal.

— É mesmo, dona Padilha? Tem horas que nem eu acredito que será meu. A senhora pode me dizer se ele é mesmo o homem da minha vida?

— Qual é a sua dúvida?

— Eu precisava ouvir isso. A senhora falando, fortalece a minha crença.

— Você vai saber logo de coisas que nem imagina. Eu estou na cabeça dele. Pombagira tem poder, moça. E se você quer, você pode. Isso basta.

— Como assim, na cabeça dele?

— Já sei o que ele quer.

— Comigo?

— Sim. A moça já é cobiçada por ele.

— Nossa, que coisa boa ouvir isso! Até me arrepiei toda, olha – e mostrou os seus braços com pelos arrepiados.

— Está por um fio. O amor está no seu caminho.

— Ah, que alegria saber disso! Não vejo a hora. E queria também saber se a mulher dele não vai atrapalhar.

— Vai, sim.

— Mesmo?

— Mesmo. E para isso nós vamos fazer um outro trabalho para *tirar ela* do caminho. Amarração no amor dá trabalho, minha *fia*, "cê" nem imagina, né?

— Não, não faço ideia de como vocês fazem isso. O que eu tenho que fazer?

— Para quê?

— Para *tirar ela* do caminho?

— Só pagar, minha *fia*, o resto deixa comigo.

— Nossa, eu já estou endividada, dona Padilha. Como vou pagar isso?

— Moça, você vai ser uma mulher rica daqui a pouco – falou, com profunda ironia e deboche, soltando uma gargalhada estridente.

Você nem imagina o dinheiro que esse homem tem! Nada pode atrapalhar os seus planos. E ainda quer posar de endividada? Então não faça o trabalho e perca tudo.

— *Tá* certo, dona Padilha. O que eu tenho que fazer? Desculpe, desculpe, é só preocupação mesmo.

— Procure a Lindaura, ela vai explicar.

— Sim. Farei isso.

— E continua com os rituais, o perfume, as mandingas[16] (feitiços), e muito cuidado com a mulher dele.

— Estou fazendo direitinho. Consegui o fio de cabelo dele, a foto e comprei a vela. Pode deixar, que isso eu não esqueci.

— Mais alguma coisa?

— Não, dona Padilha. Eu quero lhe agradecer por tantas bênçãos na minha vida. E, se puder, faz isso acontecer mais rápido.

— Apressadinha, né? Vai ter uma surpresa ainda esta semana.

---

[16] "Mandinga", no Brasil Colonial, era a designação de um grupo étnico de origem africana, praticante do Islão, possuidor do hábito de carregar, pendurado junto ao peito, um cordão prendendo pequeno pedaço de couro com inscrições de trechos do Alcorão, que negros de outras etnias denominavam patuá. A bolsa de mandinga, como ficou conhecida, também era uma forma de exercer uma medicina mágica, com implicações corporais e espirituais. Um sentido mais atual para esse termo o liga ao surgimento das dificuldades que parecem provocadas por arte mágica, todas ligadas erroneamente aos despachos de terreiros.

— Oba! Notícia mais do que boa!

Assim que Vilma saiu da frente da entidade, foi conversar com Lindaura, aquela que financiava os pagamentos dos trabalhos, pois ela tinha que negociar o preço dos novos atendimentos.

Saímos dali e fomos direto ao encontro de dona Modesta no Hospital Esperança, encontro que já estava marcado para após 22 horas.

Ao vê-la, nos cumprimentamos e fomos direto ao assunto.

— Dona Modesta, o caso de Renato envolve a Cigana da Sedução e o nosso conhecido Osório.

— Ela está novamente em ação, que lástima!

— O local é um antro de perdição e egoísmo. Por acaso estão consorciados com falanges organizadas? A senhora tem alguma informação?

— Sim, Pai João. Só não sabia o que tinha na outra ponta do contexto. Nossa equipe já levantou informações sobre o que as trevas desejam a respeito do caso de Renato. Derrubá-lo e atingir a obra social que cuida de crianças da comunidade. Há muito interesse em jogo no campo social onde essa obra atua. Muita ação de traficantes e guardas do baixo-astral. A cigana fez pactos com essas falanges trevosas, que prometeram apoio e proteção.

— Ela está agindo com muita magia e já atingiu em cheio a mente de Renato. Ele, por sua vez, está abalado.

— Quero trazê-lo ao nosso encontro, fora da matéria, na próxima noite. O senhor pode providenciar uma vigília de guardas por 24 horas ao lado dele?

— Claro, dona Modesta. Já farei isso agora mesmo. Deixarei Baixinho tomar conta do assunto.

Quase 24 horas depois, assim que Renato adormeceu, os seus benfeitores, entre eles o irmão Teófilo, o trouxeram ao centro de operações perispirituais do Hospital Esperança.

Semiconsciente, foi deitado em uma maca e entidades hábeis rastrearam o pequeno chip implantado na altura do chacra frontal, que foi retirado com facilidade por nossa equipe.

Aquele aparelho minúsculo gerava um domínio da cigana sobre Renato com o objetivo de controlar os seus pensamentos. Passados alguns minutos da rápida intervenção cirúrgica, ele acordou e, não nos reconhecendo, indagou:

— Quem são vocês?

— Somos amigos, meu filho – respondeu dona Modesta.

— Irmão Teófilo – falou, reconhecendo o seu amigo espiritual no encontro –, o que está acontecendo comigo? Há algum problema, não é mesmo?

— Fique tranquilo, Renato. Estamos aqui para auxiliá-lo no que vem ocorrendo. Essa é dona Modesta, um coração do bem, que quer falar com você.

— Dona Modesta! Que honra. Já ouvi falar muito da senhora.

— Jesus o proteja, meu filho. É uma alegria tê-lo aqui nas dependências do Hospital Esperança. Acompanhamos, a distância, as suas iniciativas no bem e já sabemos o que vem acontecendo em sua mente. Queremos esclarecê-lo sobre o que desejar saber.

— Eu agradeço a sua bondade em me auxiliar, dona Modesta. Sinto que estou num momento de fragilidade mesmo.

— O que você gostaria de saber sobre esse momento?

— Estou obsidiado, dona Modesta?

— Não, meu filho. Não se trata disso. Obsessão é algo construído no tempo. O que vem acontecendo é uma tentativa de embaraço na obra espiritual que você representa.

— Tem relação com a nova funcionária da empresa, não é?

— Sim.

— Eu me sinto envergonhado em dizer...

Dona Modesta nem permitiu a ele concluir a frase:

— Nada a se envergonhar, Renato. Você não possui mesmo, no seu coração, o germe da perdição sexual. Você foi alvo de uma cilada e, em seu caso, sua proteção é maior. Não há do que se envergonhar.

— Meus pensamentos andam atordoados por ela.

— Implantação de chip. Tecnologia de gente desavisada e leviana. Quando acordar na matéria, você terá novas sensações.

— O que está acontecendo, dona Modesta? Nunca permiti esse quadro mental. O que fiz para permitir isso?

— O nome disso é magia de amarração[17], meu filho.

— Meu Deus, então existe isso mesmo? Essa mulher mal me conhece. O que pode querer comigo?

— Isso existe mais do que você imagina. Vilma está mal assessorada por forças nocivas e deseja a todo custo se aproximar de você.

— Meu Jesus! E eu permitindo pensamentos com essa mulher. Que risco! Como estou infeliz comigo.

— Não há motivos para isso, Renato. Querer ser uma pessoa santificada é exagero. O que vai fazer daqui para diante é que importa.

— Sinceramente, vou despedi-la, imediatamente.

— Não acho uma boa decisão, caso ela seja uma boa funcionária.

— Ela é. O que fazer, então?

— Trabalhe a sua proximidade com ela para que seja dentro dos limites do profissionalismo. Não fuja à sua própria educação e responsabilidade como empresário.

— Tem razão, dona Modesta.

— Isso vai implicar em um processo de reação, também, nas entidades que a estão assessorando.

— Se eu estiver correto, ficarão revoltadas.

— Se você conseguir uma conduta madura, será uma lição para todos. O restante deixe conosco.

---

[17] Essa energia de amarração é feita por meio da manipulação de energias visando a interferir negativamente na vida afetiva do ser humano e em seus relacionamentos. Mais informações no livro *Fala, preto-velho*, capítulo 20, autor espiritual Pai João de Angola, psicografado pelo médium Wanderley Oliveira - Editora Dufaux.

— Pretendo mudar completamente o meu padrão mental, dona Modesta. Estou assustado com o ocorrido e agradeço muito o amparo. Nem sei se mereço tanto.

— Você não só é merecedor, como não é justo que algo tão baixo como amarração no amor atinja o coração de uma pessoa de caráter como você. Você tem defesas próprias, e isso basta para que a nossa cooperação seja efetiva.

Você terá de investir mais atenção aos próprios pensamentos. No seu caso, só isso basta.

— Mas e esse chip? Como conseguiram implantar isso?

— Com base no que você pensou. Lembra da questão 457, de *O livro dos Espíritos*?

— Lembro, sim. Inclusive, sei de cor: — "Podem os Espíritos conhecer os nossos mais secretos pensamentos?" — "Muitas vezes chegam a conhecer o que desejaríeis ocultar de vós mesmos. Nem atos, nem pensamentos se lhes podem dissimular."

— Foi isso que aconteceu. A cigana estava a seu lado, na espreita, e conseguiu acesso ao seu campo mental com muita facilidade. Tanto que conseguiu instalar em você esse aparelhinho, que tem por objetivo a fixação de ideias. Não é uma tecnologia muito avançada, mas é muito usada nas magias de amarração no amor. O objetivo é despertar o foco em algo que costumeiramente não faz parte da vida mental da pessoa atacada. É um chip de sedução.

A entidade que lhe aplicou o chip é um coração com grande bagagem em sedução. Uma conquistadora, forte e com grande poder hipnótico.

— Quer dizer que bastou achar Vilma, uma mulher atraente, e eu ter alguns pensamentos lascivos...

— Sim, isso e mais o contexto em que aconteceram as coisas. A cigana vigiou você persistentemente e a todos que demonstravam interesse por Vilma, procurando uma vítima. Foi paga para isso. Encontrou em você mais facilidade de sondagem. Foi capaz mesmo de ouvir os seus próprios pensamentos. Mas não é só isso.

— O que mais?

— O pensamento de Vilma, direcionado a você, tem ainda maior grau de influência em todo o processo. Tudo começou no primeiro dia de trabalho, quando o achou um belo homem, e então a mãe dela, Matilde, que já se encontra desencarnada, me chamou para avaliar o caso, que em poucas semanas tomou proporções graves na mente da moça. Ela não tirava você da mente, com verdadeira paixão.

Essa força mental da jovem encarnada foi a base de tudo. Dentro desse contexto, havia possibilidades para se chegar até a implantação do pequeno aparelho. Você se envolveu com o olhar de Vilma e fechou um circuito de forças invisíveis, mais poderoso que qualquer aparelho. Essa a base da magia de amarração. Vilma, com todo esse interesse afetivo, independentemente da assistência nociva dos desencarnados, já seria algo extremamente forte e de proporções incalculáveis sobre a sua vida mental.

— Dona Modesta, que medo de tudo isso. Faltou-me oração e vigilância. Sou mesmo culpado pelo ocorrido, pois, de fato, eu me senti muito atraído por ela.

— Renato, não existem culpados. Estamos vivendo na Terra um momento muito intenso a respeito da influência energética de uns sobre os outros, sob a perspectiva de encarnados com encarnados. Enquanto muitos adeptos das doutrinas espirituais ocupam-se em verificar a influência dos desencarnados, esquecem-se do poder mental que exercem, todos os que estão na matéria. Esse poder é impactante e decisivo. A parte energética e vibratória dos relacionamentos humanos deveria ser alvo de mais atenção entre os que estão no plano físico.

Ainda que você não cultivasse os pensamentos a respeito da jovem, seria, em algum grau, impactado pela influência da cigana e de Vilma. Até mesmo o chip poderia ser implantado sem a sua adesão a esse grau de pensamentos de encanto por ela.

— Mesmo, dona Modesta? E a proteção espiritual, como fica? Repito, isso me assusta!

— Os espiritualistas estão com noções muito incompletas sobre proteção espiritual, meu filho. Pregam que basta orar e vigiar e, no entanto, as leis energéticas transcendem todo o conjunto do entendimento que formaram sobre esse tema.

— Estou surpreso! Então não basta orar e vigiar? Aprendi que a oração é a maior proteção que temos e que vigiar os pensamentos é o segredo das boas companhias espirituais.

— O tema é complexo, meu filho. Apesar de isso ser verdadeiro, não é tão exato como se coloca. O assunto envolve mais física quântica do que princípios morais. As frequências emitidas pelas emoções humanas vão merecer um campo de estudo científico mais apurado no futuro. Os pensamentos podem orbitar em níveis correspondentes aos valores morais da criatura, mas os chamados "neurônios afetivos" ou as emoções que sustentamos são verdadeiras antenas emissoras de ondas capazes de criar conexões inimagináveis. A mágoa, por exemplo, contamina as engrenagens do conjunto de células no coração a ponto de emitir frequências destrutivas para a saúde humana e capazes de modelar o comportamento. Digamos que o "coração pensa" também. E vigiar não é somente selecionar imagens mentais no pensamento, e sim desenvolver emoções nobres que fortaleçam as estruturas bio-astralinas do coração, entre outras, que são geradoras de frequências perfeitamente mensuráveis e perceptíveis ao olhar dos desencarnados, uma vez que são sentidas e mantidas pelas vivências. A oração, por si só, não elimina completamente ou renova automaticamente tais frequências. Ela pode organizá-las ou até mesmo abrandar os seus efeitos perturbadores na vida interior. A oração acalma, vitaliza, mas nem sempre renova, principalmente em função das posturas íntimas que cada um alimenta. Portanto, fica fácil concluir que, como instrumento de preservação, ela não faz todo o serviço desejável para uma proteção eficaz e mais prolongada. É necessário vasculhar as fontes das frequências em níveis profundos e decisivamente influentes vindos das emoções.

Quando você se sentiu atraído por Vilma – observe o verbo "sentir", e não "pensar" –, o pensamento veio depois e disparou um circuito vicioso para sustentar o que sentiu. A verdadeira proteção espiritual envolve oração, vigilância, renovação e magia – manipulação das energias com conhecimento de causa. Sem os quatro pilares, fica difícil falar em segurança contra os ataques espirituais, contra conexões com energias de encarnados ou magia por feitiçaria. Que essas recomendações fiquem impressas em sua alma, para que, ao acordar na matéria você se lembre, em forma de sensações, toda a nossa conversa. Eu sugiro que você procure Karina, a médium umbandista. Muita experiência nova aguarda o seu caminho. Ao acordar, faremos com que tenha em sua mente nosso alerta para procurá-la, urgentemente, e tentaremos ainda outras formas de alertá-la sobre o caso da proteção. O seu trabalho espiritual precisa agregar novas modalidades de amparo e socorro, por orientação dos seus protetores também presentes aqui.

Fique em paz meu filho, regresse ao seu corpo com esperança e lucidez.

Após terminar a sua fala, dona Modesta olhou para o irmão Teófilo e solicitou reconduzir Renato ao corpo físico.

MAGIA DE AMARRAÇÃO NO AMOR E A IMPORTÂNCIA DA HONESTIDADE NA VIDA CONJUGAL

Logo pela manhã, Renato relatou o seu sonho à Juliana, sua esposa.

— Bom-dia, meu amor.

— Bom-dia. Que olhar é esse?

— Tive sonhos estranhíssimos essa noite. Sinto-me com medo.

— Que tipo de sonhos?

— Não sei, exatamente, mas estou com uma ideia fixa no nome da médium Karina. Lembra dela?

— Aquela que trabalha com o seu funcionário Zelão?

— Ela mesma.

— Sim, me lembro. Naquele almoço que tivemos na Seara Umbandista Pai Benedito, ela nos falou várias coisas sobre serviços pesados de magia.

— Que estranho, sinto um medo. Como se algo ruim fosse me acontecer.

— Por que pensou nela? Você teve mais alguma conversa com Zelão depois daquele dia?

— Não. Praticamente nem nos encontramos mais. Fiquei muito impressionado com as coisas que Karina nos contou sobre como o centro deles trabalha.

— E o que os seus sonhos teriam a ver com isso?

— Nem imagino. Hoje, quando chegar à empresa, vou fazer umas perguntas ao Zelão. Não sei se é exagero meu, estou com um pressentimento muito estranho.

— A respeito de quê?

— De uma funcionária nova na empresa.

— Quem é?

— Lembra da Vilma, do Setor de Logística?

— Lembro-me, sim, mas que tipo de pressentimento?

— Que ela não é uma pessoa confiável.

— Vixi! Mas como assim? Ela fez algo errado?

— Não, meu amor, absolutamente. Ao contrário, é uma pessoa muito competente, apesar de recém-ingressa na empresa.

— Então do que se trata?

— Ainda não sei. Mas vou ficar atento. Tem alguma relação com ela.

A conversa com Juliana angustiou ainda mais o coração de Renato. Ele se sentiu desonesto em função do que sentia pela funcionária Vilma, e evitou compartilhar. Sentiu-se culpado por ocultar de sua esposa. Preferiu pensar no assunto, embora estivesse sendo honesto sobre o medo inexplicável que estava sentindo.

A caminho do trabalho, foi refletindo sobre a importância de tomar uma postura em relação ao assunto. O seu coração pulsava diferente, como se uma tremenda prova fosse se abater sobre si mesmo. Em seu íntimo, em verdade, fortalecia os registros da conversa com dona Modesta durante o desdobramento espiritual do sono. Não conseguia explicar o que estava acontecendo, porém, em meio ao tumulto emocional, ficava claro o profundo e forte desejo de se afastar de qualquer sentimento a respeito de sua funcionária.

Chegando à sua empresa, solicitou a Zelão que o procurasse em sua sala. O funcionário atendeu prontamente.

— Olá, Zelão, desculpe incomodá-lo em seus afazeres.

— Bom-dia, Renato. Estou à disposição. É algo sobre o meu trabalho?

— Não, não. O assunto é outro. Serei breve.

— Certo.

— Lembra das coisas que a médium Karina contou naquele nosso almoço?

— Sim, lembro-me bem.

— Então. Tive alguns sonhos essa noite e estou me sentindo um tanto oprimido. Você pode me responder algumas perguntas?

— Claro, sobre o quê?

— Sobre as pombagiras. A Karina trabalha com uma, não é isso?

— Sim, a Pombagira Maria Mulambo.

— Naquele dia, ela me olhou de um modo penetrante e me disse algo que não esqueci. Hoje, depois de sonhos muitos incomuns, eu acordei me lembrando dela.

— O que foi que ela disse que lhe tocou?

— Sobre magia para atrapalhar casamentos. No momento em que ela falou, parece que ela me olhou de forma diferente, como se desejasse me dizer algo. São passados poucos dias dessa nossa conversa, e hoje eu despertei com compulsiva curiosidade sobre o tema.

— Você acha que alguém está fazendo algo para prejudicar o seu casamento?

— É isso que eu queria saber.

— Perdoe-me a indiscrição, está acontecendo algo entre você e a sua esposa Juliana?

— Não, graças a Deus, não. Todavia, acordei com medo desse tema.

— Com medo?

— Sim, como se algo estivesse acontecendo e precisasse ser investigado.

— Entendo.

— Você acha que a dona Maria Mulambo poderia olhar isso, se eu fosse até ela?

— Esse é o trabalho que mais realizamos na Seara Pai Benedito.

— Ela cobra?

— De forma alguma, na verdadeira Umbanda fazemos os serviços espirituais gratuitamente.

— Mas já ouvi dizer que, quando tem alguma magia, é necessário fazer trabalhos que necessitam de muitos materiais.

— Se isso for necessário, a entidade passa a lista e você mesmo compra. Não precisa pagar pelo trabalho em si.

— Eu confesso a você que tenho profunda curiosidade sobre o tema, seguida, no entanto, por descrença e medo quanto a rituais e oferendas. E tem mais: seria justo alguém chegar assim, do nada, e fazer uma macumba para prejudicar uma pessoa e acabar com um casamento? Onde fica a justiça divina?

— Que você não pratique os rituais e oferendas, eu entendo. No entanto, não desconsidere a conversa com dona Mulambo. Ela poderá esclarecer se algo o estiver prejudicando. O fato de você suspeitar é um indicador muito forte de que está acontecendo algo em sua vida. Especialmente pelo fato de você ser uma pessoa tão focada nas questões espirituais e representar um trabalho tão gigantesco, tudo torna mais viável a possibilidade de existir energias adversas aos seus ideais, de ter uma magia pesada.

A justiça divina existe, sim, mas depende muito da nossa participação, da nossa postura. Se você não merecer uma magia desse tipo em sua vida, ainda assim terá que fazer com que não sofra com isso. Todos estamos sujeitos a essas dificuldades. Não estamos todos sujeitos a pegar um vírus e gripar? Não estamos sujeitos a passar por um processo infeccioso com uma bactéria? Mesmo o mais saudável organismo está sujeito a ataques repentinos.

A Terra ainda não é um lugar esterilizado energeticamente. Aqui podemos pegar de tudo. Por outro lado, quem mantém uma linha de conduta no bem e na luz espiritual se mantém menos vulnerável. Se você é infiel à sua esposa, mantém laços sexuais e afetivos fora do casamento, acha que vai conseguir absorver uma proteção para esse tipo de influência terrível? Vocês espíritas são mesmo muito descrentes desses fatos, por pura falta de estudo e por algum nível de preconceito, porque a própria Doutrina Espírita se embasa e estuda o magnetismo, as leis quânticas e outros fundamentos que deixam claro o mecanismo da magia. Você não aceitar os rituais, eu até entendo, mas daí a duvidar de algo que pode atingi-lo em termos de magia, não. Abre o seu olho, viu!

— O único esclarecimento que obtive sobre esse assunto em Espiritismo é de que nada pode nos atingir se formos vigilantes e orarmos.

— Isso está correto, embora incompleto.

Proteção necessita de conduta. Não é só orar e vigiar, é necessário merecer. E para merecer é preciso viver afinado com a justiça divina, o que só é possível a partir de frequências emocionais nobres. Além disso, quero motivá-lo a usufruir da necessária proteção, especial e direta, dos guias em reuniões como fazemos na Seara de Pai Bendito.

— Você está querendo dizer que os meus guias nas reuniões espíritas, como o irmão Teófilo, por exemplo, não me protegem, diante do trabalho que realizo?

— Claro que protegem. No entanto, quando o tema é magia e feitiçaria, é preciso mais que passe, oração e vigilância. Para a magia ser evitada, é preciso tocar o corpo físico, fechar chacras, fazer desintoxicação de vibrações pesadas agregadas a ele. Enfim, são muitas as medidas de amparo e, somente frente a frente com entidades magas, feiticeiros do bem, você poderá obter proteção específica e adequada. É muito importante o contato direto com os espíritos para esse fim.

— E as pombagiras? São elas quem fazem isso? São as mais adequadas?

— Para esse assunto que você está levantando, elas são as especialistas. Temas da vida afetiva, casamentos, namoros e relacionamentos são o foco delas.

Infelizmente, a imaturidade emocional, cultural e religiosa tomou conta das pessoas, que as associam a tais assuntos da forma mais pervertida possível. Recorrem a elas para desfazer casamentos, arranjar namoros e alcançar bênçãos que deveriam ser obtidas com esforço e mudança de comportamento. As pombagiras, infelizmente, acabaram recebendo a má fama de casamenteiras e sedutoras, quando, em verdade, não é esse o trabalho que realizam.

— Se não são elas que realizam esses trabalhos, quem os executa?

— Uma classe de entidades chamadas quiumbas. São as falsas pombagiras, que fazem qualquer falcatrua em nome do "amor". Romanccs, empregos e diversas coisas rasas, superficiais, são os pedidos mais comuns. Espíritos interesseiros e levianos que aceitam qualquer presente para entrar na vida dos outros.

— Eu me lembro da médium Karina falando sobre isso em nosso almoço, dizendo que dona Maria Mulambo é completamente distante desse padrão de falsas pombagiras que é adotado pelas pessoas.

— Sim, ela é uma dama. Vai valer muito a pena você fazer uma consulta com ela.

Pombagira verdadeira não se prostitui e nem é "balcão para arrumar homem ou mulher para ninguém", diz dona Mulambo. Quando ela incorpora em Karina, ela é fina, elegante e empoderada. Chega a ser sedutora no sentido moral, de se impor e convencer. É capaz de fascinar com a inteligência e o afeto que possui. As pombagiras são as rainhas do feminino sagrado, são a expressão do amor na sua polaridade madura e luminosa. São as rainhas do sentimento. Todo trabalho que envolve o coração humano é com elas mesmo.

Na sedução pelo afeto, porém, não são libidinosas, sensualistas e devassas. Quem é assim são os quiumbas, as pombagiras impostoras.

— *Caraca*! Estou surpreso com a sua definição, Zelão! Mas e as médiuns que assim permitem a manifestação desses quiumbas?
— É a manifestação da parte anímica do médium, isto é, aquela parcela de valores que pertence ao médium em cada comunicação mediúnica. Uma afinidade de mazelas entre a médium e a entidade.

Muitas médiuns, reprimidas em sua sexualidade, apagadas por homens machistas e com extrema dificuldade na expressão da afetividade, permitem manifestações mediúnicas de falsas pombagiras com extravagância e sensualidade, permitindo o extravasamento do seu lado sombrio e mal resolvido. As pombagiras autênticas não se manifestam dessa forma libidinosa e provocante. Elas, ao contrário, são mulheres fortes, investidas de poder, finas. São sedutoras, é verdade, mas no seu sentido mais elegante. Seduzem com a decisiva capacidade de convencer e provocar dentro das pessoas a reflexão profunda sobre os seus sentimentos. Grande distância vai entre sedução, ousadia, firmeza na forma de ser e os assuntos sexuais mal resolvidos na mente das médiuns. Há mulheres que, incorporadas por pombagira, sentem-se poderosas, vitalizadas, femininas como nunca se sentiram, e acabam exagerando na filtragem dos verdadeiros traços de comportamento da entidade. Pombagira de verdade é feminina, e não devassa. E quando recebem os quiumbas, pombagiras de fachada, impostoras que usam indevidamente o brasão da Hierarquia Exu, aí é que o bicho pega. O sombrio das médiuns mal resolvidas extravasa durante as comunicações, e as verdadeiras pombagiras ficam com o nome na lama. Repito, as verdadeiras pombagiras não são rameiras e muito menos têm a função de arrumar homem ou mulher para ninguém. Isso é coisa das sombras.

— Mas existe isso, né Zelão? – perguntou, com profunda preocupação.
— Sim, existe, Renato. O que o preocupa nesse assunto, posso saber?
— Nem sei como dizer.
— Alguém está atormentando você?
— Acho que eu é que estou me atormentando por alguém.

— Compreendi. Não precisa me falar mais nada. Está estampada em seu rosto a sua angústia. Quer que eu marque a consulta com dona Mulambo?

— Quero, sim. Sinto-me profundamente necessitado desse contato, mesmo sem ter ideia do que possa obter com o auxílio de uma pombagira.

— Vai por mim, ela vai abrir os seus caminhos.

— Que assim seja! Eu já me sinto mais aberto a isso, em função dos seus esclarecimentos.

Após a conversa amigável, Renato voltou aos seus afazeres. A sua mente ainda estava em colapso. Relutava entre ir até a mesa de Vilma para vê-la e o desconforto com o que Zelão esclareceu. A conversa com ele trouxe um misto de alívio, mas também de apreensão. Estava com muita dificuldade de se concentrar no trabalho, quando sua secretária entrou com uma flor na mão.

— Com licença, Dr. Renato.

— Pois não. O que é isso?

— Uma entrega da floricultura para o senhor.

O coração dele disparou. Sem saber exatamente do que se tratava, a sua mente voou... E, para descontrair, falou:

— Mas que maravilha, ganhar uma linda flor assim logo pela manhã. Quem enviou?

— Não sei, doutor, o envelope está lacrado.

— Ah, sim! Pode deixar aqui, por favor. Logo vou verificar.

Assim que a sua secretária saiu, ele abriu o envelope com nervosismo, e se confirmou o que supunha. Um pequeno bilhete dizia: "Eu sei que você me quer, meu coração se abriu..."

Renato não teve dúvidas. Ficou completamente desorientado e fora de prumo. A sua mente entrou em confusão.

Vilma resolveu usar uma tática mais agressiva diante do que lhe havia dito a cigana, ao mencionar que ele já era dela. A sua mente delirava a respeito de tudo o que envolvia Renato. Chegou mesmo ao ponto de segui-lo para saber onde morava.

Renato não conseguia se equilibrar de forma alguma. Ligou para Juliana, sua esposa, marcou um encontro surpresa no shopping e saiu com a flor na mão.

Quando Juliana chegou, ao ver a flor, já chegou brincando:

— Ah, então é isso, uma surpresa para a esposinha?

— Ah, meu bem. Bem que você merece, mas não é isso.

— Nossa! Você está vermelho. Estranho! O que está acontecendo?

— Juliana, preciso compartilhar algo com você, senão vou explodir.

— Que foi, meu amor?

— Lembra da nossa conversa hoje cedo?

— Sobre a Vilma?

— Isso mesmo. Dá uma olhada nesse bilhete que veio junto com essa flor.

Juliana leu com profundo mal-estar e disse:

— Meu Jesus! Essa letra é dela?
— Não sei, mas quem me mandaria isso? Fiquei desorientado.
— Por quê? Por qual motivo, objetivamente, você se desorientou?
— Eu sinto que sou alvo de algo dessa mulher.
— E isso o incomoda por qual razão? Acaso algo nela o interessou?
— Não, Juliana. Não faça eu me sentir pior.
— Mas é apenas uma pergunta. Você sabe como somos nós, mulheres!
— Querida, Vilma é uma mulher muito atraente, isso ninguém pode negar. Mas é uma coisa de energia, de vibração, e não de coração.
— Mas, querido, acho que algo só pode incomodá-lo se você der brechas. Se tiver algum sentimento.
— Você está certa, meu bem. Isso não aconteceu, mas me sinto alvo de uma pressão externa para que algo aconteça. Não sei explicar. Algo que não me pertence, que não faz parte de minhas escolhas. Antes de vir para cá, conversei com Zelão e fiquei ainda mais espantado com as coisas que ele me disse. Mesmo sendo espírita, com o coração reto e a consciência em paz, segundo ele, esses assuntos de magia podem

perturbar muito, principalmente quando envolvem as tais falsas pombagiras.

— Você acha então que está sendo enfeitiçado, ou algo assim, por essa mulher?

— Acho que Vilma, como lhe disse hoje cedo, não é uma pessoa confiável. Carrega um veneno, uma sombra destruidora em sua aura. No entanto, que posso eu dizer se nada conheço da vida dela?

— Jesus! E o que você pensa fazer?

— Vamos pedir um café e vou lhe explicar.

Juliana teve palavras doces ao marido e elogiou a sua atitude em chamá-la. Mais calmo, fez um resumo da conversa com Zelão, expôs a ideia de se consultar com dona Maria Mulambo e pediu que ela o acompanhasse. Ao saírem, deram a flor a uma funcionária do shopping e seguiram para o lar.

Naquela noite, tinham a reunião de intercâmbio mediúnico na instituição que fundaram e foram se preparar para as atividades. Assim que chegaram em casa, fizeram uma oração e uma leitura do Evangelho e desligaram-se por completo do assunto.

A reunião começou pontualmente às 20 horas. Após a oração e reflexão de abertura, logo se manifestou uma entidade, pela médium dona Rosália, que chegou cantando um ponto de pombagira:

"De vermelho e negro, vestindo, à noite, o mistério traz,
De colar de ouro, brincos dourados, a promessa faz...
Se é preciso ir, você pode ir, peça o que quiser...

Mas cuidado, amigo, ela é bonita, ela é mulher.
E num canto da rua, girando, girando, girando está
Ela é moça bonita, girando, girando, girando lá.
Oi girando laroyê [18], Oi girando lá!"

Após cantar e dar uma sonora gargalhada, cumprimentou a todos:

— Boa noite, meus *cumpadres*! Eu sou Maria Navalha, pombagira da esquina.
— Que Jesus a abençoe, minha irmã – respondeu Ercílio, o dirigente.
— *Tão* estranhando a fala?
— A irmã tem razão. Nunca recebemos uma entidade assim.
— Entidade, não. Sou uma pombagira.
— Entendi, minha irmã. E como podemos ajudá-la?
— A mim, vocês não vão poder ajudar em nada. Eu é que vim, a pedido de Elantra[19]. Ela não é a benfeitora desta casa?
— Sim, irmã. E por que a própria Elantra não veio?
— Acaso tem preconceito com pombagira?
— Não é preconceito. É que aqui é uma casa espírita orientada por Allan Kardec.
— Sei, e isso quer dizer...

---

[18] "Laroyê": saudação de origem Yorubá, sem tradução precisa na língua portuguesa, que pode ter os significados de "olhai por mim", "guarde-me", "proteja-me" ou "vamos trabalhar".

[19] Esta guia espiritual é citada pela primeira vez no capítulo 9 do livro *Guardiões do carma – a missão dos exus na Terra*, autoria espiritual de Pai João de Angola, psicografado por Wanderlei Oliveira – Editora Dufaux.

— Que não é comum recebermos esse tipo de manifestação, pois você é uma entidade de Umbanda.

— E quem disse a você que pombagira é de Umbanda.

— Pelo menos é só lá que elas se manifestam.

— Então quer dizer que aqui, na casa de branco, nós não podemos falar. Só lá na senzalinha da Umbanda?

— Não quis dizer isso, irmã.

— Sei! Deus *tá* vendo seu preconceito escancarado.

— Minha irmã, aqui é um lugar de respeito. Pediria que você contivesse a sua palavra.

— Então chamar você de preconceituoso é desrespeitar?

— Não se trata disso. O que a trouxe aqui? Vamos ser práticos.

— Vamos ser práticos, doutorzinho, vamos ser práticos. O senhor acredita em amarração no amor?

— Irmã, esse é um tema que não nos interessa. Não acreditamos nisso e essas coisas de magia são coisas da Umbanda, e não do Espiritismo.

— Affffffffffffmmmarrriaaaaaaaaaaa na sua ignorância.

— Irmã, não estou gostando nem um pouco desse seu jeito.

— E você acha que eu gosto do seu? Deixa de ser pequeno, homem. Nesse grupo tem três bestas amarrados com magia de amor.

— Não creio que seja um assunto de nosso interesse, minha irmã. Sua mensagem não acrescenta aos nossos conhecimentos e gostaríamos de pedir a você que possa voltar aos seus amigos no mundo espiritual

— Não, eu quero falar com ela! – gritou espontaneamente Renato, que estava profundamente envolvido com o que dizia a entidade.

— Mas, Renato, acho melhor não. Você percebeu que se trata de um espírito zombeteiro?

— Zombeteiro foi ótimo, viu doutorzinho. Deixa o *homi* falar comigo. Ele *tá* aflito.

— Renato, o que você quer falar com ela?

— Deixa esse assunto comigo – falou Renato, de forma enfática, não permitindo dúvidas. A senhora pode me dizer o seu nome?

— Aí, sim. Gente educada é outra coisa. Homem fino e sem preconceito, é desses que eu gosto. Já disse, sou Maria Navalha, e estou aqui a mando de Elantra.

— Por qual motivo Elantra a mandou?

— Já disse. Vocês estão precisando abrir *o olho*. Os espíritas não são muito vigilantes e acham que podem com qualquer armadilha.

— Que tipo de armadilha?

— Armadilha do coração. Acreditam que orando e vigiando conseguem equilibrar a sua vida, mas, desculpem a franqueza, enganam a si próprios, porque trazem o coração e a mente sobrecarregados de desejos e intenções podres. Teatro, puro teatro. Linguajar puro, conduta aparentemente equilibrada, e um corpo ardendo de desejo sem freio. Falsidade, teatro e obsessão.

— Nossa benfeitora nunca nos citou as pombagiras como representantes ou colaboradoras do trabalho de nossa casa.

— Tudo tem sua hora, né *cumpadre*. Ela é mesmo uma mulher muito paciente e educada. *Ocê* mesmo, *num* tá precisando fazer umas perguntas?

— Estou sim, dona Maria Navalha. A senhora tem toda razão – falou, completamente desconcertado e com humildade.

— Sua senhora é bela. Eu quero falar com ela.

— Sinta-se à vontade, dona Maria Navalha.

— Pode me chamar só de Navalha, eu prefiro.

— Sim, senhora – manifestou-se Renato, com profundo respeito.

— A senhora Juliana é uma mulher do bem.

— Obrigada, pombagira – respondeu Juliana.

— Você é o prumo desse homem. Ele é quem aparece, mas é você quem segura.

— Bondade sua, dona Navalha!

— Não é, não. Isso não é um elogio. É um alerta. Abra a sua boca sempre que achar que esse homem *tá* descuidando. Seja a mulher e também a escultora. Escultora de costumes...

— Sim, senhora. Faz muito sentido.

— E você, *cumpadre*. Que quer saber?

— A senhora disse que tem três pessoas com amarração. Como é isso? – pergunta Renato.

— Está vendo esses ramos espalhados em sua aura?

— Não, não sou vidente.

— Então levante-se dessa cadeira e venha até aqui na minha frente.

— Sim, senhora. Eu vou! – ele atendeu o pedido, sentindo-se constrangido, pois não era hábito, na sua atividade espírita, se deslocar dentro da sala.

— Agora feche seus olhos, coloque a mão na sua garganta e sinta. O que percebe?

— Meu pescoço parece pulsar muito. Tenho a impressão que um cipó está enrolando em meu pescoço.

— Olha de novo. Deixa a mão mais leve e fora do contato com a pele.

— Sim, eu sinto como se uma cobra ou uma corda fina deslizasse entre minha mão e minha garganta. Está úmido e causa ânsia de vômito.

— Isso! Tá melhorando. Essa porcaria anda mesmo. Pra ser mais clara, essas correntes de amarração deslizam na aura. Têm vida própria. Tá convencido?

— Eu entendi seu recado, dona Navalha.

— Pois então! Vê se agora você toma coragem e faz o que tem que ser feito. Esse é um pedido de Elantra pra você.

Após deixar o recado para Renato, ela se foi, gargalhando e saudando a hierarquia a que pertencia, dizendo: "Laroyê Exu, Exu é Mojubá"[20]

O grupo ficou atônito. Sem chão. Não acostumados com tais manifestações, vários pensamentos passavam pela mente dos presentes, até que Renato, sentindo-se na obrigação de dizer algo, falou:

---

[20] "Mojubá": "Seja bem-vindo!", uma reverência de respeito à entidade. A palavra também é comumente utilizada como um título, uma louvação que significa respeito e reconhecimento da grandeza e magnitude da entidade exu.

— Desculpem quebrar as nossas normas de trabalho. Para mim, a comunicação fez profundo sentido. Venho pesquisando e realizando uma investigação sobre o tema. Ninguém aqui tinha informação sobre isso, e, no entanto, olha o que ocorreu.

Eu realmente não sei como avaliar, para o grupo, a importância de nos abrirmos a novos aprendizados dessa ordem. Tenho conversado com alguns irmãos umbandistas que são muito claros a respeito da presença dessas entidades, mesmo nas reuniões espíritas mais tradicionais. Dizem, inclusive, que os médiuns não permitem a comunicação delas. Proponho que façamos uma avaliação aberta e sincera sobre o caso, oportunamente. Eu estarei visitando um local com minha esposa, e após essa visita gostaria de lhes trazer mais informes.

— Mas Renato – disse o dirigente, preocupado –, você não acha que fomos vítimas de um embuste?
— Não acredito, meu irmão. Especialmente porque o conteúdo trazido pela entidade é muito instrutivo e verdadeiro. Eu vou investigar. Você conhece meu temperamento curioso.

A reunião continuou com outros atendimentos, até a finalização dos trabalhos. Depois da reunião, a caminho de casa, Juliana e Renato trocavam ideias sobre o tema:

— Fiquei muito impressionada com a tal pombagira. Para dizer a verdade, me afeiçoei.
— Eu também me senti assim. Só nós dois sabemos o sentido que fez o que ela disse.

— Vamos então à consulta com dona Maria Mulambo?

— Não tenho a menor dúvida. Zelão já me enviou mensagem confirmando para daqui a dois dias. Será na sexta-feira.

Daqui do nosso plano, avaliando aquele dia e as experiências vividas por Renato e Juliana, nos sentíamos felizes com os resultados. Desde as informações de Zelão, a surpresa com a flor recebida, a conversa com a esposa mais tarde e depois fechando com a comunicação de dona Maria Navalha.

Ao homem comum, tudo parece uma sequência de fatos sem conexão. Para nós, na vida espiritual, foram resultantes de uma série de medidas que exigiram atenção, dedicação e vigilância. Em verdade, tudo começou fora da matéria, durante o desdobramento pelo sono, no contato com dona Modesta, e se alastrou para as horas seguintes durante o dia de Renato.

Os ingredientes de uma magia de amarração estavam se tornando claros na mente do casal, que não tinha mais dúvida sobre o que vinha acontecendo.

Com Renato, a sequência de nossas iniciativas fluía em uma linha natural de ação, uma vez que ele, portador de uma conduta reta e de um coração valoroso, favorecia o auxílio. Entretanto, a postura dele é rara. Não é o padrão. Infelizmente, não temos encontrado tão alto nível de maturidade emocional para lidar com os assuntos da sexualidade e do amor.

Vilma, por sua vez, é o extremo oposto. Um exemplo de infantilidade e pensamento mágico, aquele no qual a pessoa pensa a vida por uma perspectiva distante da realidade. Por meio dessa forma de olhar, muitas pessoas agem como "adultos-crianças". Fazem birra quando não conseguem o que querem e apelam para forças "sobrenaturais" para alcançar o que desejam. Esse é o princípio que leva multidões a se submeterem à irresponsabilidade de atos envolvendo despachos, oferendas, feitiços e toda forma de usar as "forças do além" para atingir interesses pessoais.

Vilma é a revoltada com a vida que deseja a todo custo o que não merece e nem se esforçou por conquistar.

A vida, porém, reserva uma dose muito triste de dor e infortúnio para esse tipo de atitude.

A magia de amarração afetiva precisa ser melhor compreendida para que as pessoas reflitam nessa ação inconsequente e no quanto ela pode trazer mais provas e obstáculos à existência.

É espantoso e lamentável a falta de respeito do ser humano. As pessoas não respeitam mais um relacionamento, um namoro e nem o casamento. Simplesmente ignoram que, quando duas pessoas estão juntas, o melhor é se afastar, colocar limites e vibrar pelo bem do par. Ao contrário, quando desejam alguém, passam por cima de tudo. A carência afetiva tem alcançado níveis de loucura.

Por essa razão, mesmo ninguém pertencendo a ninguém, a única regra de segurança para um casal sempre foi e sempre será a confiança e a lealdade entre eles, o carinho e o cuidado com a própria relação que construíram, porque se depender da carência alheia, do desejo e do interesse de alguém em perturbação afetiva, as uniões nada mais seriam que meros relacionamentos de fachada e sentenciados ao fracasso.

Dona Maria Mulambo me disse, certa feita: "Quem ama e quer manter uniões de valor com substância moral, tenha conduta leal e riqueza de amorosidade. Essa, sim, é a fonte mais poderosa contra olho gordo e a energia libidinosa."

Esse é o maior fundamento sobre o tema da amarração no amor. O melhor escudo protetor contra as sombras da inveja e da carência afetiva. É o amor verdadeiro e luminoso que varre todas as sombras.

03

MARIA MULAMBO FECHANDO O CORPO CONTRA MAGIA NEGRA

Ciente de que o caso de Renato renderia uma longa experiência, chamei Rafael, o jovem que sempre fazia o serviço de um repórter, para nos acompanhar nas medidas de socorro, mais dois estudantes de nossos círculos de mediunidade no Hospital Esperança, e ainda algumas pessoas ligadas à obra que Renato conduzia no mundo físico. Fazia-se necessário construirmos registros importantes sobre a missão das pombagiras na Terra e colaborarmos com o socorro apropriado. Além deles, sempre nos apoiando, estava o Baixinho. No futuro, destinaríamos esses apontamentos ao mundo físico, pela psicografia.

Integravam nossa equipe os queridos Gonçalo e Salete, ambos desencarnados há menos de dois anos e com uma extensa ficha de serviços ao Espiritismo brasileiro. No entendimento de Rafael, eram amigos com vivência pequena nos temas da mediunidade e demonstraram enorme interesse em ampliar os seus conhecimentos. Além deles, contávamos com o novo amigo Teófilo, protetor da "Obra Social Irmão Teófilo", no Rio de Janeiro, sob os cuidados de Renato e sua equipe. È um trabalho de vulto, com crianças da comunidade, focado em educação e orientação do Evangelho à luz do Espiritismo.

Passamos a eles, em uma breve reunião, as informações iniciais sobre os atendimentos e deliberamos algumas medidas que seriam levadas a efeito no desdobrar dos próximos dias. Salete, curiosa e agradecida, nos perguntou:

— Pai João, estou muito interessada e já fiquei com uma questão um pouco angustiante para mim. Por que começar a estudar o tema mediunidade em um terreno tão diferente? Não seria melhor para nós, iniciantes no tema, buscarmos as escolas dos centros espíritas?

— Faremos isso também, Salete, e o proveito será extenso. No entanto, a oportunidade de pesquisar o tema mediunidade em uma perspectiva menos rígida é desafiadora. Enquanto encarnada, você e muitos aqui em nossa equipe tiveram a oportunidade de investigar uma parcela mais conhecida e aceita nos serviços da mediunidade, dentro dos padrões das reuniões espíritas mais tradicionais. O fenômeno mediúnico tem uma amplitude muito maior, e isso será um vasto campo de aprendizado a todos vocês.

— Compreendi.

— O caso de Renato e Vilma envolve situações graves e que estão em andamento no tema da mediunidade. A mistificação e os enganos no uso da benção mediúnica como forma de enganar e lucrar materialmente. Por conta de fatos como esses nos campos do exercício mediúnico, o nome das pombagiras e dos exus,[21]

---

[21] Exu é o Orixá africano da comunicação, da paciência, da ordem e da disciplina. É o guardião das aldeias, das cidades, das casas, do axé, das coisas que são feitas e do comportamento humano. Ele é quem deve receber os recursos energéticos em primeiro lugar, a fim de assegurar que tudo corra bem e que sua função de mensageiro entre o Orun (o mundo espiritual) e o Aiye (o mundo material) seja plenamente realizada. (N.E.)

espíritos pertencentes a uma hierarquia de respeito e autoridade, foram difamados e jogados na lama dos preconceitos populares.

Essa hierarquia de Embaixadores do Cristo presta os serviços mais extensos que envolvem a quebra de magia negra e obsessões mais complexas e, sobretudo, desmanche de feitiço.

— Eu fiquei sabendo, Pai João, que aqui no Hospital Esperança temos alas específicas do trabalho da Hierarquia Exu. Poderemos ter contato com eles?

— Certamente. À medida que nossas iniciativas evoluírem, inevitavelmente vocês vão conhecê-los de perto. Por agora, temos aqui o Baixinho, que é o nosso elo com as equipes das pombagiras e exus. Poderão interrogá-lo no que desejarem. Apenas alerto que ele não gosta muito de falar. Não é, Baixinho?

— É verdade, pai. Gosto de ficar mais caladinho, sim.

No dia seguinte, na empresa, Vilma esperava ansiosa a chegada de Renato. Não se continha, supondo que ele havia entendido o recado ao ser presenteado com a flor. Embora tenha ficado sem entender o que aconteceu com ele, que sumiu do escritório no dia anterior, passou a noite em viagens mentais sobre o que poderia ocorrer depois de lhe enviar o presente.

Assim que chegou ao escritório, arrumou um pretexto para saber se Renato havia chegado e veio o que ela considerava uma má notícia. Ele estaria fora por dois dias.

Na verdade, essa foi uma deliberação que ele tomou com Juliana, logo após a reunião mediúnica na noite anterior. Não queria voltar ao escritório enquanto não conversasse com dona Maria Mulambo na sexta-feira.

Vilma se desorientou mentalmente, chamando em seus pensamentos por Maria Padilha, nome do qual a Cigana da Sedução se apropriou, para acalmá-la e fazer entender o que acontecia.

O nível de desorientação de Vilma era tão visível que as colegas perceberam logo a sua conduta, ao ponto de Ângela, uma delas, chegar a perguntar:

— Está passando mal, Vilma?

— Não estou bem... Será que você pode me acompanhar uns minutos à sala de café?

— Sim, claro. Vamos lá!

— O que está acontecendo?

— Ah, amiga, sabe o que é... Fico até sem jeito de falar... Coisas do amor.

— Ah, querida. Eu entendo. E como entendo!

— Mesmo?

— Também tenho meus perrengues.

— Eu estou meio transtornada por uma pessoa de quem eu esperava uma atenção especial e... Ah, nem sei mais, viu...

— Homens! Todos iguais. É seu namorado?

— Ainda não. Uma pessoa em quem estou interessada. Nem tivemos nada. Mas sei lá... Minha mente tá ficando zureta, louca...

— Apaixonada?

— Totalmente. E tem mais uma coisa que vou lhe contar, mas, pelo amor de Deus, não comenta isso com ninguém.

— Conte comigo.

— Eu fiz umas coisas pra ele cair em meus braços.

— Macumba?

— Hum, hum! Você acredita?

— Bem-vinda ao time, amiga! Sou dessas. Já fiz muito.

— E deu certo?

— Totalmente. Tudo que pedi aconteceu. Paguei caro, mas consegui tudo.

— Tem horas que eu fico duvidando de que essas coisas vão resolver. Sei lá... Ontem mesmo coloquei um pó que a pombagira me deu em um objeto que dei a ele de presente, e até agora nada.

— Amiga, tenha paciência. As entidades trabalham duro, mas tem que ter paciência.

— É, acho que sim... Eu sou muito impulsiva sabe? Quero tudo para ontem. E paguei muito caro também, então eu acho que tinha que ter mais qualidade no trabalho. Você não acha?

— Não sei, amiga. Só sei que isso dá certo. Eu também desejei uma pessoa, fiz e deu tudo como queria, só que... Sabe como é, né?

— O que? Não deu certo?

— Não. Não deu. Ficamos juntos algum tempo e foi só problema. Tem horas que até me arrependo de ter feito o despacho. Até agredida na cara eu fui. Terminamos há um ano e estou sozinha. Parece que alguma pessoa não gostou do nosso relacionamento, e eu desconfio de quem seja. Deve ter feito coisa pesada pra nós.

— Que triste!

— Hoje estou bem e nem gosto mais de falar nisso. Tá mais tranquila?

— Estou sim. Conversar com você me deu esperança. Vou voltar ao trabalho e ter paciência.

Nossa equipe estava presente durante a conversa delas. Matilde, a mãe desencarnada da Vilma, olhou para nós e disse:

— Eu me envergonho de minha filha. Desculpem – disse, com os olhos marejados.

— Não há por que se envergonhar, Matilde. Vilma tem lutas que a ela pertencem.

— Ela foi muito mimada por mim. O resultado está aí. Acha que pode obter tudo o que quer, a que preço for. Sempre foi assim.

— Não é sua responsabilidade. E a vida vai ensiná-la muito com toda essa história. Ela vai sentir e aprender.

Salete, muito curiosa, consolou a mãe aflita com um abraço e nos perguntou:

— Querido Pai João, acho que vou ter muita dificuldade com meus julgamentos nessas nossas visitas. Ouvindo o que Ângela disse a Vilma, não deixou de passar pela minha cabeça algo do tipo: "bem feito que deu tudo errado". Desculpe a minha índole, nem sei se devo continuar com esse aprendizado. Sou muito crítica.

— E nunca deixará de ser, se não aprender como lidar com isso. No fundo, sua revolta foi em ver como as pessoas andam infantis com temas tão sérios. Essas posturas despertam indignação mesmo, minha filha. Nem por isso precisamos dizer "bem feito".

Assim como Ângela, muitas pessoas tentam conquistar bens materiais, casamentos, curas e toda forma de benefícios, usando magia.

Os resultados são catastróficos, porque envolvem intromissão na lei cármica. Essa moça já é nossa conhecida. Ângela fez despacho para separar um casal que já tinha muitas lutas no grupo familiar, com filhos doentes e outras provas. A separação levou a ex-esposa à depressão e ela cometeu um crime terrível contra o próprio filho pequeno, e isso teve como efeito a sua prisão. O ex-marido saiu do casamento, alegando que precisava cuidar de sua felicidade. Segundo ele, casou-se com uma doente mental, mas na verdade nunca teve respeito por ela. E sempre alegava que suas traições eram devidas à doença da esposa. Que ele feria, desrespeitava e agredia. Por fim, Ângela entrou da pior forma em sua história, conquistando-o com o poder de feitiços. Passado um ano, esse mesmo homem, que justificava sua infelicidade à ex-mulher, fez a infelicidade de Ângela.

Traindo-a, espancando-a e ainda levando o dinheiro dela. O que aconteceu, em verdade, é o que está nos fundamentos universais da magia. Quando você coloca seu interesse em ação perante a vida, é necessário averiguar se esse interesse sintoniza com o fluxo natural da vida, isto é, com o que chamamos de Vontade Divina.

Se isso não ocorrer, a invasão à lei cármica é enorme. A Vontade Divina é o caminho mais seguro para deixar fluir o carma pessoal. Nele encontramos segurança, sentido de viver e gratidão. Essas três condições emocionais, sim, deveriam ser o fio condutor de toda magia na Terra. Segurança edificada na construção de uma relação de amor consigo mesmo, na qual a criatura não se sinta abandonada, carente e rejeitada e sim, preenchida e forte para caminhar com seus próprios pés. A magia da segurança vai banir o medo e dilatar a coragem, diante das provas com as quais se estabelece o aprendizado. Sentido de viver construído com ideias nobres, que não firam e nem lesem a ninguém. Construção de uma vida inspirada na honestidade e nos valores morais, que preenchem o coração de alegria e ativam o DNA da Esperança no corpo humano e na mente sadia. A magia da esperança torna a criatura apta a descobrir o seu mapa pessoal perante a reencarnação e a reunir todos os esforços e sacrifícios necessários na superação de suas dores.

E gratidão, que é o sentimento com o qual a frequência vibratória da alma se eleva ao nível de prosperidade e vitalidade, situando a pessoa na rota da abundância em todos os sentidos de sua experiência. A magia da gratidão é o aval da alma para todas as conquistas humanas possíveis. Na condição de fio condutor, a segurança deveria ser a meta de toda magia, o sentido de viver, a essência a ser recuperada, e a gratidão, o rumo libertador que livra de qualquer amarra ou obstáculo. A magia para a segurança seria ensinar o caminho da coragem. A coragem varre qualquer sensação de desamparo. A magia para o sentido de viver seria resgatar a arte de sonhar. Quem sonha cria laços com o futuro e alimenta a sua alma de energia essencial para caminhar no presente. A magia para a gratidão seria ensinar a perdoar todas as mágoas. Diluir as mágoas é explodir com a maior pedra do caminho, a fim de alcançar condições interiores sadias e libertadoras. Magia e roteiro moral, magia e educação emocional, esses são os melhores ingredientes que conectam a criatura com a sua força pessoal. A pessoa insegura vai pedir um marido ou uma esposa nos serviços espirituais de enfeitiçamento. A pessoa infeliz e sem razão para viver vai pedir um emprego, uma aprovação no concurso, uma facilidade. E a pessoa magoada vai pedir vingança e benefícios por se sentir pobre e desprovida de sorte. Quando atendidos os pedidos, conforme os desejos, é só ruína e mais dor, porque a solução para essas questões não está nas ilusões dos pedidos humanos. E o mais grave, há quem atenda aos pedidos, há quem faça as "mexidas cármicas", como faz o médium Osório. E nisso reside o grande problema.

Ângela atraiu para si, com aquele despacho, o carma do homem e da mulher que foram alvos de suas magias. Pagou caro, alcançou o que queria, mas se desestruturou em doenças, sofreu agressão física e teve perdas materiais. Trouxe para a sua vida o que pertencia a outrem. Magia invasiva é o mesmo que penetrar na teia vibratória alheia, trazendo para si a conta que deveria ser paga por outras pessoas. Ficou para ela o aprendizado que, pouco a pouco, vem sendo consolidado.

— Sua fala é esclarecedora, Pai João. Abriu-me muito o olhar. Mas para mim, que sou uma julgadora compulsiva, parece-me que ela não aprendeu, tanto que deu esses conselhos para a Vilma.

— É provável que não, Salete. Ela tem um coração ingênuo como muitos. Estão acostumados a conquistas fáceis usando o pensamento místico, muito enraizado no povo brasileiro. E aqui não falo só das mulheres, mas também de homens que se regem por esses princípios infelizes. É uma tendência milenar do ser humano de alcançar seus interesses negociando com Deus.

— Eu juro que queria muito conhecer essa pombagira que orienta o tal Osório. Diria umas poucas e boas para ela.

— Não se atreva, Salete. Já assistimos cenas lamentáveis de enfrentamento com a Cigana da Sedução. Sua capacidade hipnótica e seu temperamento agressivo são fontes infelizes de veneno e destruição. Ela não é uma mulher comum, é uma feiticeira com poderes mentais incalculáveis.

— Meu Deus! Esqueça o eu que disse! Ainda morro de medo dessas coisas. Ave Maria!

— Melhor mesmo, minha filha – falei, olhando para o Baixinho, que já passou por muitas dessas vivências de confronto com quiumbas e espíritos impostores.

Após o breve diálogo entre Vilma e Ângela, tomamos algumas medidas de asserenamento para ela e nos deslocamos para outras atividades.

Destacamos guardas vigilantes naqueles dois dias da ausência de Renato, entre eles o Baixinho, para tomar conta de Vilma, cujo campo mental se desorganizou completamente. Eles a acompanhavam em casa e no trabalho profissional. Ela não dormia bem, sentia-se triste e angustiada com a falta de notícias. Já se encontrava cansada e exausta mentalmente. Tentou, inclusive, marcar uma consulta de urgência na casa de atendimento de Osório, mas não conseguiu.

Naquela noite, Renato e Juliana se preparavam para visitar a Seara Umbandista Pai Benedito. Havia chegado o dia da visita à dona Maria Mulambo. Algo muito aguardado por toda a nossa equipe de trabalhos.

Por volta das 19:30 horas, o casal chegou à casa umbandista. Foram recebidos com muito carinho, pegaram a senha e aguardaram o início da sessão. Os atabaques[22] deram o tom do início e os ogans[23] cantaram para abrir a gira. Fizeram a defumação, saudaram Exu e em seguida houve uma manifestação de Omulu[24]. A casa estava lotada, não tinha como se mexer na assistência.

A energia estava em frequência de cura e tratamento de saúde. Tudo muito organizado e simples. A Yalorixá[25], mãe Karina, com seus 40 anos, incorporou dona Maria Mulambo, que deu uma sonora risada e saudou a todos, dizendo:

— Exu abre caminhos, Exu é servidor, quem pede para Exu abre o olho da consciência. Falange de trabalhadores do bem e da luz, servimos à lei, veja bem no seu coração o que deseja de Exu.

Nessa casa só fazemos o bem. Não peça coisa de gente louca, que desdenha a vida dos outros. Aqui a nossa tarefa é ajustar os ponteiros dos relógios que não marcam o tempo correto. Se está atrasado, adiantamos. Se está rápido demais, seguramos. O caminho é seu. Nós cuidamos do tempo. Nós cuidamos da hora.

---

[22] Atabaque é um instrumento musical de percussão afro-brasileiro.

[23] Ogan é o nome genérico para diversas funções masculinas dentro de uma casa de candomblé.

[24] O Orixá Iorimá, ou Omulu, é quem renova os espíritos, o senhor das doenças, quem zela pelos mortos.

[25] Yalorixá é a responsável por tudo o que acontece no terreiro, ninguém faz nada no terreiro sem a sua prévia autorização. Sua função é sacerdotal: ela faz consultas aos orixás por meio do jogo de búzios.

Se sua vida está devagar, prepara para correr. Se está corrida demais, segura, porque vai ter que parar. Não somos deuses, nem feiticeiros. Somos agentes do serviço do bem, justiceiros que oferecemos o fruto conforme a plantação. Damos o que você merece e o que você necessita. Tem medo de mandinga? Vou olhar sua cabeça. Tem medo do mal? Vou olhar seu coração. Eu sou Maria Mulambo, Laroyê Exu. Que se abram os trabalhos da noite!

Após a fala, a pombagira deu outra risada alegre e saiu para um canto do salão, onde tinha uma cadeira para ela e o consulente. Foi servida de uma taça de *champagne rosé*, que bebericava pouco a pouco, sem exageros.

Várias pessoas passavam pela sua assistência, enquanto outros médiuns, incorporados com seus exus, também orientavam outras. Era um serviço sem igual, com vários médiuns incorporados, orientados pela Yalorixá Karina, uma mulher muito consciente e de valores morais enobrecedores. Havia limpezas energéticas no corpo astral, conselhos de esperança e fé, avisos importantes, orientações necessárias e magias sendo desfeitas. Os atabaques continuavam afinados e os ogans cantavam para Exu, provocando uma irradiação de força que podia ser vista a longa distância em nosso plano, tamanha a luminosidade.

Porém, com dona Maria Mulambo, que atendia poucas pessoas, a conversa era mais longa.

O próprio Zelão, funcionário de Renato, foi chamá-lo, dizendo que dona Mulambo pediu para que o casal fosse junto, e não somente ele.

Chegando até ela, Zelão providenciou mais uma cadeira e dona Mulambo disse:

— Boa noite *procês*, casal! – e deu-lhes um afetuoso abraço.

— Boa noite, dona Maria Mulambo! – responderam ambos.

— Está nervoso, *homi*.

— Um pouco. Não conheço nada de Umbanda.

— Faz igual sua *muié*. Tá de boa, não é Juliana?

— É verdade, dona Mulambo. Eu mesma estou surpresa. Estou me sentindo em casa.

— Vem cá, *muié*, me dá outro abraço aqui – e Juliana foi abraçada novamente, com imenso carinho e afeto, pela pombagira.

— Nossa, dona Mulambo! O coração agora quase saiu pela boca.

— Encontro de coração de *muié* com coração de *muié* é poderoso, né moça?

— Demais. A senhora é muito poderosa, isso sim.

— Bom, vamos logo para as coisas práticas. Eu já esperava você aqui, sabia *homi*?

— Tenho essa sensação.

— Então deixa eu começar dizendo uma coisa. Sabe aquela *muié* que foi anteontem na sessão da sua casa espírita, em nome de Elantra?

— Sei, sim. Na verdade, ela nos trouxe uma mensagem de nossa benfeitora.

— E quem é essa benfeitora?

— Elantra.

— Elantra sou eu, meu filho.

— A senhora é Elantra?

— Quer prova?

— Mas como assim? Então eu não entendi o que a senhora disse.

— Você se lembra da mensagem que enviei há um ano sobre a importância de dar proteção para as crianças contra a ação dos traficantes da região?

— Nossa, então a senhora e Elantra são o mesmo espírito?

— A Maria Navalha trabalha aqui. Está vendo aquela médium ali? – e apontou para uma filha de santo[26] da casa que trabalhava incorporada.

— Sim, parece que ela tem o jeito com que dona Navalha se manifestou em nossa casa. É ela quem recebe a dona Navalha?

— Que ver só? – dona Mulambo chamou a médium incorporada, que veio até eles.

— Olha só quem está aqui! Viu só, dona Mulambo? Dei o seu recado direitinho! – disse dona Navalha pela médium, que não tinha o menor conhecimento do fato.

— Viu só! Aqui somos uma falange. Trabalhamos juntos e com vários nomes.

— Estou muito surpreso e ao mesmo tempo extremamente feliz em saber que a senhora já protege a todos nós de outra forma.

---

[26] Filho ou filha de santo é toda pessoa que, efetivamente, tem um compromisso com o orixá, nas religiões afro, podendo chegar à feitura de santo. São médiuns da casa.

— Eu o esperava aqui, porque você e sua obra *tão* precisando abrir uns canais de proteção.

— Mesmo, dona Mulambo?

— Você não *está* sentindo o peso da *zoiuda*?

— *Zoiuda*?

— Tua funcionária feiticeira. Com aqueles olhos gordos, é uma interesseira. Criança mimada.

— É ela mesmo que tem feito essas coisas, dona Mulambo?

— É ela. Mas isso não tem nenhuma importância, não. Eu vou lhe falar umas coisas que importam de verdade. E você Juliana, não se assuste. Porque seu marido é do bem. Se não fosse, eu o chamava aqui sozinho para dar um coro nele. Ele não *tá* fazendo como muitos que não prestam. Renato é limpo.

A *zoiuda tá* metida com gente da pior espécie. Ela não tem a menor noção do que está fazendo. Fez serviço de amarração para você, meu compadre. Serviço pesado. Gente louca que mexe com qualquer porcaria por dinheiro.

— Pois é, dona Mulambo! Ao mesmo tempo que fico com medo ao receber essa notícia, não sei se acredito nela.

— *Homi*, depois de tudo que *ocê* vem sentindo na cabeça, ainda tem dúvida?

— É verdade, está difícil mesmo, mas fico me culpando, como se tudo fosse eu quem estivesse criando. Sinto como se fosse falta de vigilância, em função do que aprendi.

— Você fez alguma coisa para ela querer você?

— Não. Absolutamente!

— Onde está a dúvida? Não está se sentindo mal com tudo isso, compadre? Não está sem saber como sair disso?

— Sim, eu realmente não consigo entender a natureza dessa tormenta. Nunca passei por isso e nunca dei motivos.

— Então por que se culpar? Vou explicar: começa assim, com essa coisa que você não entende. Daqui a pouco, de tanta culpa, você vai aceitar que é sentimento seu por ela. Depois vai se perguntar se ainda quer sua patroa, e o próximo passo é simples, vai descartar tudo para ter um novo amor. Daí, uma vida sólida é derrubada por uma mera fantasia. Esse é o caminho da obsessão e do alcance das magias ruins. Criar confusão na cabeça dos fracos e arruiná-los com mentiras.

— Meu Deus, nem quero pensar, dona Mulambo! É assustadora a sua versão psicológica. Nunca havia pensado nisso.

— É assim que gente do mal trabalha. Fortalecendo a falsidade no coração humano até as pessoas acreditarem que o falso é o verdadeiro. Neste estágio em que você se encontra, ainda *tá* fácil de resolver, mas brinca com isso para ver onde pode chegar...

— Mas eu não tenho nenhum interesse nessa mulher, dona Mulambo!

— Não precisa. O "capeta" cria isso na sua mente. Eles são ótimos nisso. Fácil, fácil!

— Meu Jesus! Então, dona Mulambo, existe mesmo magia de amarração no amor?

— Existe, sim. Fácil de fazer e difícil de desfazer, principalmente quando o alvo não ajuda. Não é o seu caso.

— Qual o resultado disso?

— Pergunta para quem fez. Não conheço um caso que não tenha acabado em encrenca. E da pior que se pode imaginar.

— E por que vocês atendem a esses pedidos?

— Quem disse que atendemos?

— É o que dizem de vocês, as pombagiras.

— O que dizem não é a verdade. São falsas verdades, que precisam de muito esclarecimento. Os espíritos femininos que ainda fazem essas coisas só denigrem o nome das verdadeiras pombagiras, e fazem os humanos pensarem que atuamos como uma agência de casamento ou como umas rameiras a serviço de desejos mundanos.

A falsa pombagira que atendeu ao pedido de Vilma, como Maria Padilha – citou dona Mulambo o nome, sem qualquer conhecimento da médium por quem ela se comunicava naquele momento –, é uma criminosa no mundo espiritual. Estão no encalço dela. Ela se consorciou com falanges pesadas das trevas que a protegem. Do contrário, já estaria presa. É uma impostora. Chama-se Cigana da Sedução. Uma mulher ferida e abominável, que encontrou no médium Osório uma sintonia perfeita para a falta de ética e pudor, para a ganância e a devassidão.

Dotada de habilidades incríveis na magia e domínio mental, atualmente ela está sendo procurada pelas autoridades de nosso plano. A hora dela chegou. Por isso é que o chamei aqui. Não é por Vilma, e sim pelos inimigos espirituais que querem derrubar você e a sua obra.

— Faz muito sentido, dona Mulambo. Não é, Juliana? Conversamos sobre isso.

— É verdade, dona Mulambo. Renato e eu temos sentido que precisamos de algo mais na proteção de nosso grupo e da obra assistencial. Não sabemos como e nem o que precisa ser feito. O simples fato de dona Navalha se comunicar em nosso centro espírita já rendeu conversa fiada entre os mais tradicionalistas. Imagina então se eles souberem que a senhora é a mesma Elantra que se comunica elegantemente em nossa casa! E ai de nós se souberem o quanto estamos admirando o trabalho de vocês!

— Vocês vão passar por uma prova. Não é com a Vilma e nem com magia de amarração. A prova de vocês vai ser na implantação de uma nova mentalidade em suas atividades espirituais.

Para começar um novo campo de proteção da obra e dos seus trabalhadores, todos terão de marcar uma sessão extra aqui na Casa de Pai Bené, principalmente todos os seus médiuns. Faremos uma gira especial para realizar a limpeza de magias muito pesadas que estão travando a vida e o trabalho de vocês. Depois, em outra etapa, precisamos limpar o ambiente da obra de vocês, especialmente do centro espírita. Dá para ter a dimensão do desafio?

— Ave Maria, dona Mulambo. É muito para minha cabeça!

— É só o começo. Vilma foi apenas um clique, um alerta para te despertar com relação a necessidades para as quais vocês ainda não olharam com a atenção merecida. O que está acontecendo com você permanece sob a completa ação das equipes do bem que o orientam: Irmão Teófilo, dona Maria Modesto Cravo, Pai João de Angola, entre outros.

— Esse Pai João, eu nem conheço.

— Vai conhecer. Pode esperar. Vocês estão muito protegidos pelo amor de quem lhes quer bem do lado de cá, e desprotegidos sob o aspecto dos cuidados com forças contrárias ao serviço do bem que realizam, no mundo físico. O grupo de vocês está em delicado momento de fragilidade. Sabe do que estou falando?

— Sei, pois temos por lá muitas histórias de gente com problemas.

— Vai piorar quando tomarem essas iniciativas. Separar joio e trigo é necessário. É indispensável um saneamento para a tarefa avançar.

— E quanto a Vilma?

— Uma pobre coitada, infeliz na vida e mimada. A mãe dela está aqui conosco, pedindo perdão a você pela vergonha que sente da filha.

— Mesmo? Nossa! Diga a ela que lamento e farei o que for possível pelo bem dela.

— Quer mesmo o bem dela?

— Sim, o que posso fazer?

— Mande-a para bem longe de você.

— Despedir do trabalho?

— Não precisa. Mude ela de endereço, para trabalhar em outro local.

— Sim, isso é perfeitamente possível.

— Zelão pode fazer isso sem a sua interferência. Proteja-se, não oferecendo informações sobre as razões da mudança. Apenas Zelão deve saber.

— Farei isso, dona Mulambo. Você ainda quer fazer alguma pergunta, meu bem? – dirigiu-se a Juliana.

— A senhora me desculpe mudar o assunto. Estou muito focada em suas sugestões para a nossa casa e vamos estudar como tomar essas iniciativas, mas o meu coração, por uma razão que desconheço, está angustiado ou talvez curioso em saber mais sobre vocês, as pombagiras. Tenho dito a meu marido que estou muito envolvida com tudo o que se refere a vocês. Uma quase incontrolável necessidade de me aproximar e saber tudo sobre o que fazem. Já comecei a ler vários textos na internet.

— O tempo vai mostrar o que está acontecendo com você. As pombagiras são mesmo tão encantadoras que despertam esse desejo de proximidade, seja em homens ou mulheres.

Pombagiras são investidas de autoridade, com uma força de atração quase irresistível, espíritos na vanguarda de seu tempo, com acentuada carga do sagrado feminino, isto é, sua força está no feminino, o que lhe confere coragem muito além da média, por isso catalisam as mulheres, tornando-se uma referência de autoridade, mexendo muito com o raciocínio dos homens. As pombagiras são as rainhas do sentimento enobrecido. São feiticeiras elegantes, que já reencarnaram diversas vezes como médiuns e com grande poder mental.

— Eu estou mesmo encantada, dona Maria Mulambo, e agradecida.

— Eu quero dar um presente a você, Renato. Levante-se e venha cá – falou a pombagira.

Dona Mulambo, incorporada na médium, também se levantou e, pedindo licença a Renato, colocou a mão direita na testa e a esquerda no coração dele, e falou:

— Isso é para esclarecer por que as mandingas de Vilma estão atingindo você. O que está sentindo?

— Um desejo físico enorme.

— Sexo?

— Sim, desejo sexual.

— Agora olhe os seus pensamentos. O que vê?

— Vejo um homem muito belo, cercado por diversas mulheres em um quarto, em muita devassidão. Prefiro nem detalhar. Estou em um estado de completo descontrole, dona Mulambo. O que está acontecendo?

— Pergunte o nome desse homem. Faça a pergunta mentalmente.

— Espere. Esse homem sou eu? Sim, sou eu, vejo pelo olhar. Sou eu! Estou me sentindo poderoso. Desculpe, mas eu preciso falar. A minha vontade é de sair agarrando todas elas naquele quarto...

— Agora sinta seu corpo, verifique suas sensações.

— Nossa! Que vergonha, estou excitado, dona Mulambo!

— Traga toda essa excitação para onde coloquei minha mão esquerda, para seu coração. Vá, faça isso com a mente, use sua força.

— Meu Deus!

— O que sente?

— Uma abrupta mudança. Um estado de paz e confiança sem comparação. Parece que algo muito ruim foi arrancado de dentro de mim.

— Pode abrir seus olhos.

Enquanto Renato se recompunha, dona Mulambo, com a mão esquerda agora fechada, carregava dali uma farta dose de material muito similar a uma argila, com a forma de um escorpião, de cor marrom-escura. Aquilo se mexia com vida própria na mão dela, e quanto mais ela apertava, mais reagia. Ela chegou até a tronqueira[27] que estava bem perto, depositou aquela forma estranha em um pequeno caldeirão, jogou um pouco de fundanga,[28]

---

[27] Poderoso ponto de energia que opera como um para-raios, um campo magnético que impede as forças hostis de frequentarem o ambiente religioso de forma inadequada. Exus e pombagiras se utilizam dos recursos disponibilizados na "tronqueira" para beneficiar os trabalhos que estão sendo realizados nos centros de Umbanda.

[28] Fundanga é pólvora. O ato de queimá-la antes da abertura dos trabalhos ocorre para que todas as energias ruins e intenções infelizes sejam dissipadas. Ela somente é realizada com a presença do Pai ou Mãe de Santo e cria um poder de deslocamento fluídico de partículas que afastam cargas densas de seres levianos que são consumidas através da força do fogo – pela atuação das salamandras. Por

acendeu, e aquela "criatura" sumiu no espaço, como se fosse arremessada por potente impulso.

Nada disso, evidentemente, podia ser visto a olhos físicos. E diante de tudo que sentiu e presenciou, perguntou Renato:

— O que foi isso, dona Mulambo, pelo amor de Deus?! – falou, olhando Juliana com um olhar de vergonha, todo desconcertado.

— São seus arquivos cármicos ou registros akáshicos.[29] Suas vivências passadas na esfera afetiva. É assim que funciona a maioria das magias.

— Pode me explicar?

— Com prazer!

Você pode pensar como quiser, mas que existe amarração para o "amor", não tenha dúvida. Tudo acontece com base em magnetismo (magia) + estrutura emocional adoecida (baixa autoestima + imaturidade emocional) + resíduos cármicos no corpo mental inferior + espíritos vampirizadores de energia sexual, que topam qualquer parada. Uma pessoa pode sim ter tão grande nível de domínio sobre a vida da

---

meio de uma espiral energética, abre um portal para a dimensão espiritual, no exato momento da queima da pólvora, favorecendo uma desobsessão coletiva, pois os Guardiões, que agem em nome da Misericórdia Divina, buscam os espíritos obsessores, os chefes e todos os seus comandados nas falanges das sombras.

[29] Os registros akáshicos são uma síntese de todos os eventos, ações, acontecimentos, pensamentos, sentimentos e intenções humanas que já ocorreram no passado, no presente ou ocorrerão no futuro, que estão codificados num plano extra físico, conhecido como plano etérico ou espiritual.

outra, que chega ao ponto de desestruturá-la completamente. A coisa é tão complexa que existem homens que aprenderam esse caminho e "religiosos" abusadores que se rebaixam a ponto de cumprir ritos vodus para esses atormentados. E existem mulheres carentes enlouquecidas, capazes de praticar simpatias e práticas absurdas com o mesmo objetivo. Ambos mexem com energias perigosas e que manipulam da forma mais infeliz, colocando as suas próprias vidas em risco e atraindo somente o pior para o seu caminho.

Magia se produz com intenção + força mental + direcionamento vibratório + ativação de registros cármicos + espíritos serviçais que executam a magia.

A intenção é a coluna vertebral da alma. A marca individual, a identidade espiritual de cada pessoa, que se expressa por meio do interesse, do desejo e da emoção. A força mental é a habilidade dos magos de gerar ou movimentar magnetismo nos rituais, manipular forças que são ativadas em práticas mágicas. O direcionamento é o alvo da magia, a quem ela vai atingir e o que vai envolver. Espíritos serviçais são os quiumbas e eguns[30] que se envolvem a troco de interesses pessoais dos mais diversos, configurando negociatas em trocas que vão desde a satisfação de

---

[30] O termo egum é abrangente, pode se referir tanto a um espírito considerado evoluído, quanto a um espírito desorientado, um obsessor que precisa ser afastado, por exemplo.

vícios até a intervenção em favor de elos dessas entidades no mundo físico. Intenção, força mental e direcionamento necessitam de proteção moral e muita nobreza de costumes para se alinhar com a suprema lei do carma. Você viu agora um pequeno lampejo de suas vivências amorosas de outras vidas.

É por essa fresta de resíduos cármicos que a Cigana da Sedução vem importunando você. Ela sabe precisamente detalhes de seus arquivos akáshicos. Os exus e as pombagiras são exímios executores do carma por essa razão. Eles sabem ler na mente e na frequência vibratória das pessoas qual é a sua real necessidade e, em função da bagagem espiritual, são dotados de antevisão, enxergando muita coisa do futuro e do passado dos envolvidos. Graças a essas e outras tantas qualidades que desenvolveram com magia, tornaram-se a hierarquia mais respeitada no mundo dos espíritos com relação a esse tema. E quando o assunto é amor, relacionamentos e sentimentos, as pombagiras são as especialistas no assunto. Lamentavelmente, algumas das magas do além, como a Cigana da Sedução, utilizam isso levianamente.

O que eu fiz aqui é magia. Magia branca. Magia do bem. Proteção espiritual que você não obtém somente com o recurso do passe, da água fluidificada, da oração e nem com algumas práticas de proteção singelas como as simpatias. Singelas, mas necessárias. Não que eu esteja desmerecendo o valor dessas iniciativas. Você não trata um tumor maligno apenas com remédios, às vezes cirurgias são necessárias. Magia é uma cirurgia delicada, que envolve inteligência, habilidade, força mental e moral. O que eu fiz chama-se **corpo fechado**. Vilma não vai mais atingi-lo de forma alguma.

— Adorei a sua explicação, dona Mulambo. Mas foi tudo tão simples e tão rápido! Pode me dizer o que tinha em sua mão? O que a senhora queimou no fogo?

— É tudo muito simples, sim. Quanto mais habilidade tem o mago, menos folclore. Quanto mais conhecimento, menos artefatos. Quanto mais equilibrados, melhores resultados. Magia não é complicação e ritual. Magia é sabedoria.

O que eu queimei foi o objeto etérico que era usado para importuná-lo, o núcleo da própria magia, um ser astral, e que agora foi devolvido pelas próprias forças cármicas ao endereço vibratório original.

— Endereço original?

— Sim, quem mandou fazer a magia.

— Vilma?

— Sim. Infelizmente, assim que está estabelecido na lei. Algumas vezes, quando as leis cármicas favorecem, conseguimos destruir esse objeto etérico aqui mesmo. Não foi o caso da magia de Vilma. O referido objeto saiu daqui direto em direção a ela, por meio dos cordões mentais que ela destinou a você. Essa moça terá sérios problemas com doença. Ampare-a como puder.

— Mas a senhora não poderia ter acabado com isso aqui mesmo? Perdoe-me a ignorância em perguntar.

— Gostaria que fosse assim. Trabalhamos sempre com o intuito de interromper o processo, criar novo ciclo e, acima de tudo, aplicar a justiça. Magia, porém, como lhe expliquei, não se opera apenas com intenção, existem leis que são soberanas. Os arquivos mentais de Vilma puxaram para ela a própria criação de seus desejos. Ela tem compromissos com doença. Lamentável!

— Que coisa triste! Estou muito surpreso com todo esse conjunto de fatos. Jamais desejaria que isso acontecesse.

— O que vai acontecer com ela está dentro da lei. Não é nosso desejo. Você ainda poderá ajudar, mas, lembre-se, com limites. Vejo que também ela acabará chegando até aqui para me procurar.

— Mesmo?

— Existe grande possibilidade.

— Seria uma bênção que ela tivesse a sua orientação.

— Entreguemos isso às sábias leis. Cuide agora de você e de sua proteção.

— Farei isso, dona Mulambo. Apenas mais uma pergunta. A senhora disse que magia envolve magnetismo, emoções e carma. E quanto aos espíritos que estavam atuando nessa magia contra mim, o que é deles? E, eles estão aqui?

— Não. Eles se encontram mais perto de sua obra social atuando como tropa de guarda da Cigana da Sedução.

Há também outros grupos que atuam sobre os encarnados e que podem prejudicá-lo. A complexidade das ligações dessa Cigana com traficantes e grupos de extermínio é algo muito perigoso. Não fosse a sua relação tão saudável com a comunidade que você ajuda, as coisas poderiam ser mais graves.

Não vou aprofundar o tema com você por agora, mas só para a sua informação, você fez muitos amigos, mesmo entre as falanges organizadas da região em torno da comunidade em que atua. A Cigana está tendo alguns problemas com isso. Por enquanto, cuide de você e da sua proteção. Na hora certa, falaremos mais sobre esse assunto. Vou lhe dar uma receita para proteção para os próximos sete dias, nos quais muita coisa vai acontecer. Você vai acender todas as noites, ao dormir, uma vela vermelha[31] para as pombagiras e colocar um pequeno copo com champanhe ao lado. Usaremos o calor da chama e a energia que emana do álcool nos serviços de esterilização da sua casa e na manutenção energética do escudo que coloquei agora em seus chacras. Destacarei uma entidade para fazer isso a cada noite.

Por último, porque preciso atender outras pessoas, quero lhe pedir para dar apoio à sua médium Rosália, que recebeu Maria Navalha. Ela será o primeiro canal dessa etapa nova em sua obra espiritual para a entrada

---

[31] O vermelho é a cor das pombagiras, uma energia quente, diluidora de más energias e vitalizadora,

de novas linhas de pensamento e ação. A Cigana da Sedução já está sabendo que vocês estão aqui. A devolução do objeto de magia ao endereço vibratório de Vilma já é do conhecimento dela. A reação virá...

Vão na paz de Zambi[32] e que Exu proteja, oriente e ampare vocês!

Dona Mulambo, ao final do atendimento, abraçou os dois de uma só vez. Renato e Juliana saíram alegres, preenchidos e ricos de esperança. Naquele momento, fechava-se uma corrente de força e afeto que marcou ainda mais os corações do casal.

A mente de ambos rodopiava entre lembranças do atendimento e o que os aguardava no futuro. Mesmo com os alertas claros e diretos, guardavam muita fé e coragem na alma.

Vilma e sua magia de amarração tomaram uma dimensão minúscula, frente ao alerta que o mundo espiritual deu para eles.

Em verdade, esses alertas tomam proporções bem mais coletivas para todos aqueles que erguem organizações do bem nos serviços de espiritualização. Há necessidade imediata de mais proteção, de mais limpezas profundas, remoção de aparelhagem de domínio obsessivo

---

[32] "Zambi" é o Deus supremo e criador de todas as coisas, dentre outras denominações, criado pelos povos africanos quando foram trazidos ao Brasil. Representa a mais intensa e imensurável energia, é a maior fonte de luz existente, pois não existe nada que se iguale a ele. Alguns povos Bantu chamam Deus de Sukula, Zambiapongo, Kalunga e ainda outros nomes se associam a estes

e parasitária, desmanche de magias, realinhamento dos corpos sutis e diversas outras iniciativas para proteção e bem-estar do grupo de trabalho.

As equipes de servidores do bem que estão encarnados têm se beneficiado dos recursos abençoados do passe e da oração, embora alguns serviços necessitem de técnicas mais especializadas para alcançar resultados mais profundos, em favor desses trabalhadores que se esforçam sinceramente no comprometimento com a tarefa espírita.

As casas, em sua maioria, infelizmente, não estão abertas ou atentas a essa necessidade, e seus trabalhadores pagam um preço muito caro por isso. Não se trata apenas de obsessões, muito além disso, existem procedimentos de asseio que se tornam tão essenciais como as desvinculações de companhias espirituais nas reuniões mediúnicas de desobsessão. Um simples aparelho tecnológico do tamanho da cabeça de um alfinete pode colocar a vida de um médium na rota dos vícios e da decadência moral e mental, reativando velhos arquivos adormecidos nas profundezas do inconsciente e guardados no perispírito e no corpo mental inferior do ser. São arquivos cármicos pesados, que merecem todo o cuidado, especialmente daqueles que caminham no rumo da iluminação de si mesmos.

Será muito valoroso um esclarecimento em nível mais abrangente sobre a importância das sábias pombagiras nos centros espíritas e em todas as organizações que desejem avançar em nome do amor e do fortalecimento moral. Elas são muito habilidosas em tocar o coração humano e despertar o feminino sagrado, a força da gentileza e da bondade na conduta.

Abençoada a organização que abre o coração para a atuação benfazeja das pombagiras.

04

O QUE ACONTECE COM QUEM
INTERFERE NO CARMA ALHEIO

O fim de semana de Vilma foi catastrófico. Uma virose severa, seguida de muita febre, a derrubou impiedosamente. Seu humor, que já não estava em equilíbrio, piorou ainda mais. Como morava sozinha, a duras penas conseguiu chegar a um hospital para uma consulta. Medicada, retornou para casa e um misto de muita dor física e desorientação mental a deixou sem sono, aumentando o seu negativismo com a vida e com tudo mais.

Literalmente, ela entrou em uma crise psicológica. Tomada de muita raiva, na segunda-feira bem cedo enviou uma mensagem mal-educada a Zelão, seu chefe direto, dizendo que estava mal e não trabalharia.

E pela manhã daquele dia, Renato chegou ao escritório e chamou Zelão para uma conversa. Narrou todo o ocorrido no encontro com dona Mulambo e o funcionário respondeu:

— Pois é, Renato! Confesso que desconfiava de algo nesse sentido. A energia que sinto em Vilma causa-me um profundo desconforto. Não fosse a sua competência profissional, eu pediria a você para remanejá-la. Porém, diante do exposto, temos motivos de sobra para essa iniciativa.

— Você acha que podemos chamá-la agora para uma conversa?

— Não, Renato. Não será possível e nem conveniente. Ela me enviou uma mensagem hoje cedo. O que dona

Mulambo falou, já está acontecendo. Ela não está bem.

— O que houve?

— A magia parece já ter sido devolvida para ela, que é o endereço vibratório original[33]. Ela está terrivelmente adoecida.

— Meu Deus! Não supunha que essas coisas acontecessem assim, tão rápido. Lamento!

— Está mal e me parece que não é só fisicamente. Na mensagem, ela se mostrou muito desorientada e agressiva.

Aliás, Renato, eu preciso lhe dizer que naquele almoço com mãe Karina, quando fomos embora, a mãe de santo fez várias advertências a mim a seu respeito, pedindo muitas orações. Ela sentiu que você seria alvo de magia. Só não ficou claro para ela em que campo de sua vida.

Vejo que você é uma pessoa do bem e, somente devido a isso, tudo está tomando os rumos mais abençoados de proteção. Mas em minha opinião, a própria doença de Vilma servirá de motivação para substituí-la aqui na empresa. Acredito que ela ficará três dias fora do trabalho. Eu farei um remanejamento de urgência e seja o que Deus quiser.

— Você está autorizado a fazer isso, Zelão. E vá acompanhando para ver se ela vai precisar de algo mais.

---

[33] O endereço vibratório designa o alvo a ser atingido pela magia. Nesse caso, com o desmanche da magia, o endereço vibratório passou a ser o da pessoa que pediu a intervenção indevida.

Desnecessário dizer que meu nome não deve ser citado. Como você disse, o contato com ela é algo inconveniente.

— Fique tranquilo, meu amigo. Estou acostumado a esses processos. Farei tudo com muita discrição, embora acredite que ela vai reagir intempestivamente.

— Eu agradeço muito, Zelão. Por tudo. Minha visita à Casa de Pai Benedito deu-me novas e mais amplas visões de espiritualidade.

Em seguida à conversa, Renato foi para a janela de sua sala, de onde avistava a Ponte Rio-Niterói. Era sua forma de relaxar e abrir a mente para reflexões.

No seu íntimo, pensava nos riscos que corria frente às responsabilidades como espírita e empresário.

Nunca havia imaginado essas intercorrências mediúnicas em torno de seus passos. Sua mente e seus esforços eram muito focados nos acontecimentos práticos da vida física, diante do volume de obrigações com sua obra social de caridade e do seu negócio, que possibilitava realizar seus projetos na área social. De fato, concluía que tinha novos horizontes a pesquisar. Dona Mulambo, a partir da médium Karina, lhe vinha à lembrança como algo agradável e suave, que lhe inspirava coragem e motivação para novos desafios.

Passaram-se os três dias de afastamento da jovem. Baixinho e uma equipe de guardiões fizeram o possível para socorrer Vilma, mas o seu clima mental não favorecia a receptividade da ajuda. Muito revoltada, já pressentia que não conseguiria o que desejava.

Várias entidades, sob comando da Cigana da Sedução, entraram em confronto direto com a equipe do Hospital Esperança, que a protegia na porta de sua casa. Por pouco, o Baixinho não entrou em luta armada com um desses marginais. A Cigana despejava os piores pensamentos que possuía sobre o lar de Vilma, ciente de que a magia havia sido devolvida. Matilde, sua mãe, zelava 24 horas pela filha, cuidando de oferecer a ela um pouco de sossego.

Chegou o dia do retorno dela à empresa, e foi Zelão quem a recebeu.

— Olha só! Quem é viva sempre aparece! – brincou Zelão.
— Mais morta que viva, Zelão! Dias difíceis.
— O que aconteceu, colega?
— Sei lá, não estou em boa fase. A vida não está me ajudando. Só decepção. Talvez esteja depressiva, sei lá!
— Aconteceu algo grave?
— Não, só mesmo a doença e umas *"noias"*[34] na cabeça. Uma hora lhe conto com mais detalhes.
— Entendi. Venha à minha sala, que vamos conversar sobre o seu trabalho.
— Como estão as coisas com a minha ausência?
— Estão sob controle, mas exigiram muitas mudanças e sacrifícios. Temos uma filial e precisamos de você nessa loja, considerando as mudanças necessárias que vamos fazer aqui no escritório. Temos que enxugar alguns departamentos e realocar muitas pessoas.

---

[34] Paranoias.

Aproveitamos o seu período de afastamento para iniciar esse processo.

— Só me faltava essa! Remanejar para onde?

— A filial da Barra da Tijuca. Fica mais perto, inclusive, de onde você mora.

— Não acredito!

— Não acredita em quê?

— Em você aproveitar minha ausência para fazer essa mudança!

— Vilma, faríamos essa mudança com você aqui ou não. A sua ausência apenas acelerou o processo.

— Eu não concordo. Por que eu seria mais útil lá do que aqui?

— Vilma, entendo a sua discordância. Você tem a opção de escolher o que quer.

— Escolher?

— Sim. Se não desejar ficar na empresa, nós vamos respeitá-la.

— Então eu escolho sair ou ser remanejada, é isso?

— Nossa proposta é a de continuidade em local que facilitará o seu deslocamento e mais alguns benefícios, para atender algumas necessidades da própria empresa.

— E se eu não quiser?

— Não entendi.

— E se eu quiser ficar aqui?

— Por qual motivo racional você desejaria permanecer aqui? – expressou Zelão, ciente da postura mimada de Vilma.

E ela começou a chorar. Zelão lhe deu um lenço de papel e ela demonstrava revolta e fragilidade.

— Desculpe, Zelão, eu não estou mesmo bem. E agora mais isso...

— Tudo foi feito visando ao seu bem. A empresa sempre opera essas mudanças.

— Desculpe, desculpe! Eu realmente não queria sair daqui.

— Por qual motivo? Explique-me!

— Não! Esqueça, deixa isso pra lá. Eu nem sei se tenho condições de trabalhar hoje. Ave Maria! Tudo dando errado em minha vida!

— Você quer falar sobre isso?

— Nem sei de mais nada, Zelão. Eu acho que estou é muito perturbada.

— Percebe-se.

— Você consegue perceber isso em mim?

— Muito. Sou uma pessoa dedicada ao lado espiritual da vida e vejo que você está precisando de apoio e também de orientação.

— Eu até andei mesmo procurando esse tipo de ajuda.

— E como foi?

— Não deu nada certo. A pessoa que me prometeu ajuda cobrou caro e nada aconteceu.

— Ah, entendi! Não é disso que estou falando. Isso aí que você procurou são promessas falsas. É um jeito que as pessoas encontram de tentar resolver assuntos pessoais envolvendo o lado espiritual.

— E há algo errado nisso?

— O que você conseguiu com isso?

— Nada.

— Pois, então! Eu estou falando de apoio e orientação para que você mesma encontre o seu caminho e alcance as coisas que você tanto deseja.

— E onde se acha isso?

— No local que eu frequento. Lá temos muita ajuda e orientação, estudo e acolhimento.

— Acolhimento. Essa é uma palavra que me toca. Estou me sentindo muito frágil.

— Eu acolho você, Vilma. Quero o seu bem como colega, mas antes de tudo a vejo como um ser humano comum, em busca de sua própria paz e alegria.

— Ave Maria! É tudo que estou precisando. De paz.

— Quer comparecer às nossas sessões?

— Quando é?

— Amanhã, sexta-feira. Temos uma pombagira que atende com o nome de Maria Mulambo.

— Nossa! De pombagira, eu estou saindo fora. Fui atendida por uma tal de Maria Padilha no lugar que fui. Estou com birra dessas bruxas.

— Ela cobrou, fez promessas e teve foco em seus interesses pessoais. A responsabilidade não é somente da tal pombagira, é sua também. Dona Mulambo não cobra, não promete nada e ainda irá orientá-la nos caminhos de solução para as suas lutas diárias.

— Como assim? A responsabilidade é minha?

— Sua também. Você procurou, você aceitou pagar, você quer ser atendida em desejos e interesses que lhe pertencem. Estou errado?

— Não, não está. Pareço uma criança, né?

— Todos que buscam essas coisas fáceis, colega, estão agindo como crianças que viajam nas fantasias dos pensamentos e têm enorme dificuldade de aceitar a realidade.

— Eu fiquei com uma péssima imagem delas. Mas você tem razão. Sou uma criança mimada e birrenta, ainda por cima – falou, caçoando de si própria, e sorriu pela primeira vez.

— Vou ajudá-la a refazer essa imagem. Dona Mulambo é fina, educada e muito inteligente. Você vai amar.

— Estou muito surpresa com você. É tão discreto! Jamais imaginei que mexia com despachos e macumba.

— Não mexo com despachos e macumbas, isso seria reduzir minha religião. Sou umbandista e pratico a caridade. Esse conceito popular não corresponde à verdade.

— Mas você não faz despachos?

— Não. Fazemos magia, sim, mas para o bem. Para amparar e fortalecer, e não para separar pessoas ou desejar o mal de alguém. Esse, porém, não é o grande objetivo da Umbanda.

O rosto de Vilma ficou vermelho diante da frase clara e direta de Zelão, e ela disse:

— É, tem muita gente que faz isso, não é?

— Tem, sim. O que costuma afundar ainda mais as pessoas, porque não sabem o que pedem. Agem de forma egoística e impulsiva.

— Mas como esses espíritos prometem tanta coisa e como algumas pessoas conseguem o que eles prometem?

— Esse é um assunto vasto, Vilma. Na medida em que você estudar, entenderá tudo.

— E quando cobram, isso é certo?

— Na Umbanda e no Espiritismo, a proposta ética para o exercício da mediunidade é não cobrar nada.

— E quando cobra é possível obter resultado?

— Sim, é possível, mas quem faz isso não está sendo seletivo a respeito dos pedidos e faz o que a pessoa pedir. Não há a ética do bem nesses contextos. O que existe é muito egoísmo em querer os pedidos atendidos a qualquer preço.

— E como saber se o que a pessoa pediu é realmente algo ruim?

— É simples. Avalie se você pediria para você o que pede para o outro ou a respeito da vida do outro. Se uma pessoa pedisse para adoecer outra e esse alvo fosse você, o que sentiria?

— Deus me livre!

— E se alguém pedisse para separar você da pessoa que ama, o que acharia?

— Deus me livre! Que horrível, Zelão. Isso é o mal?

— Sim, minha filha, isso é o mal. O mal não é só desejar a ruína do outro. É também satisfazer interesses pessoais sem medir o preço e as consequências na vida alheia. É não se colocar no lugar do outro que recebe os efeitos do mal que se pediu.

Vilma mais uma vez se enrubesceu. Dessa vez, chegou a se sentir muito mal e teve uma leve zonzeira.

— O que houve, Vilma? O que está sentindo?

— Nada, Zelão, nada! Eu estou muito fraca, em função dessa gripe. Vamos parar com esses assuntos. Eu estou com medo.

Assim que Vilma acabou de se recuperar, Renato deu duas batidas na porta e entrou:

— Nossa, Zelão, não sabia que estava ocupado. Desculpe-me!

— Não se preocupe. Está precisando de algo? Essa é a Vilma, nossa funcionária.

— Olá, Vilma. Não se preocupe, Zelão, volto outra hora, ou então me procure assim que terminar.

Renato foi educado e saiu rapidamente. Após isso, Vilma, que se sentiu desprezada pela pouca atenção de Renato, começou a chorar novamente.

— O que foi, Vilma?

— Ah, Zelão, deixa pra lá. Eu estou muito sensível. É minha fase. Desculpe mesmo, acho melhor voltar para casa hoje.

— Faça isso e descanse. Mande-me uma mensagem pelo WhatsApp mais tarde, falando como se sente.

— Farei isso, sim, e vou pensar sobre essa minha transferência e também sobre a consulta com a pombagira. Qual é o nome dela mesmo?

— É Maria Mulambo.

Quando saía da sala de Zelão, encontrou a sua amiga Ângela e a conversa continuou sobre o tema.

— Que bom tê-la encontrado, Ângela. Tem alguns minutos?

— Todos que desejar, Vilma. Fiquei sabendo que adoeceu, pensei em lhe enviar uma mensagem e nem tinha o seu contato.

— Não tem problema. Eu estou muito mal mesmo, com aqueles assuntos que lhe falei. Acho que deu tudo errado. E o pior é que paguei tão caro e ainda estou devendo mais. Estou pensando em pedir o que eu já paguei de volta.

— Eles nunca devolvem dinheiro, e o pior de tudo é que, se fizer isso, o despacho se volta contra você.

— Mas como assim? Será que estou doente por isso? Fui enganada, amiga? Sinto-me sozinha e sem chão. Acho que o amor que estou sentindo por essa pessoa é tudo coisa da minha cabeça e que estou acreditando em coisas falsas. Ele não está nem aí para mim. Zelão também me disse umas coisas...

— O que Zelão falou para você? Sei que ele é um dos paranauês[35] dessas coisas de espíritos.

— Ele me deixou claro que esse tipo de ação com pagamento pode dar muito problema para a gente. Ele frequenta um lugar e quer me levar lá.

— Ele falou algo a respeito de pedir o dinheiro de volta?

— Não. Não comentei isso com ele.

— Bem amiga, eu acho que você pode até tentar, mas não sei não!

---

[35] O termo paranauê é usado aqui como uma gíria comum, bastante utilizada para se dizer que alguém entende bem de um determinado assunto.

— Eu ainda estou pagando parcelas e penso em não pagar mais.

— Esteja certa que vão ameaçá-la. E com isso não se brinca.

— Jura?

— O que você pode é ver com a entidade por que não está dando certo. Eu lhe garanto que ela vai falar para ter paciência. Lembra que lhe falei isso?

— Lembro, sim. Mas não dá mais. Para mim chega disso. Sinto-me um verme sem vontade, sem força e, ainda por cima, tendo que arrumar a vida com macumbaria. É uma porcaria viver assim.

— *Tá* certo, amiga! Ninguém melhor que eu para entender você. Eu me estrepei com isso.

— Eu vou para casa. Preciso descansar e pensar.

— Que Deus te ampare e ilumine. Tome meu telefone, caso precise desabafar.

Quando Vilma colocou o pé na rua, os capangas da Cigana se aproximaram e vimos a ação eficaz e imediata de Baixinho, que vigiava atentamente a jovem.

Ele tinha um assobio eletrônico que funcionava literalmente como uma arma. Ao ser ativado, emitia sons que enfraqueciam e causavam tonteiras nas entidades ameaçadoras. Era um som ensurdecedor e agudo. Feria os tímpanos e provocava muito mal-estar nos capangas, que saíam cambaleantes.

Em seguida, Baixinho apareceu nitidamente para eles com uma forma assustadora.

A sua cabeça ficou oval, literalmente, crescendo para cima e formando uma enorme testa. Os seus olhos, que já eram diferentes pela cor amarela, estavam maiores e esbugalhados. A sua pele arroxeou e ele ficou parecendo um ser de outro planeta. Os seus braços pareciam ter inflado, agregando uma musculatura muito bem delineada. Os seus pés se arredondaram. E usava uma capa brilhante em vermelho e preto. A sua agilidade em se deslocar de um ponto ao outro deixava ainda mais zonzos os capangas da Cigana. Por fim, ele e mais um grupo de vigias encurralaram os serviçais dela e uma conversa começou:

— Nenhum de vocês vai embora daqui enquanto não me contarem onde está enterrado o ebó[36] que fizeram para essa moça.
— Você não é mago exu? Não sabe farejar?
— Independente disso, eu quero que vocês me respondam. Apenas me falem se o médium tem ebó escondido dentro da própria casa de magia – falou Baixinho, referindo-se à tronqueira do terreiro de Osório.
— Não podemos falar nada sobre isso. Procure nos lugares de costume: encruzilhadas astrais, matas e calungas.[37]

---

[36] Ebó é um termo que traz vários significados, inclusive na culinária de origem africana. Aqui ele é utilizado para nomear um feitiço realizado ou a um material usado para a feitiçaria.

[37] A Calunga foi por muito tempo um termo indecifrável em várias culturas globais. Proveniente do termo bantu "kalunga", que quer dizer "vazio" ou "espaço oco", essa palavra era utilizada quando algum parente morria e, neste momento, um espaço oco nascia no lugar do peito, assim como o luto aparece. Com o passar do tempo, calunga começou a designar o cemitério, pois antes esses povos africanos não tinham palavra para tal. Assim, o grande espaço de vazio e solidão era a calunga pequena.

— Eu não vou denunciá-los. Só me respondam isso e podem ir embora. Ou, se quiserem, podemos negociar.

Um deles, o mais alto e corajoso, que já havia quase se atracado com o Baixinho dias antes, olhou para os seus colegas como se pedisse consentimento, que ele recebeu com ligeiro aceno. Então se aproximou e falou:

— Temos intenção de mudar de emprego. Nossa chefe perdeu o juízo e está sendo procurada por gente da pesada. Não temos como enfrentar as Falanges dos Exus.
— E o que desejam em troca?
— Você é muito esperto, exu. Deve ter alguma graduação. Queremos poder e disfarce para não encontrarem a gente. Já estamos devendo demais. Metemos a mão em muita encrenca por causa dessa louca e falsa pombagira Padilha. É uma impostora e maluca.
— Posso lhe dar isso, sim. Responda-me o que pedi e tiro todos vocês daqui agora. Primeiramente, na condição de prisioneiros, até que avaliemos as fichas de cada um para futuras realocações. Mesmo assim, serão algemados, não tenho outra alternativa.
— Isso serve para todo o nosso grupo, desde que nos mude de nível astral, tanto no plano espiritual acima ou no de baixo[38], para ninguém nos encontrar.

---

[38] Essas mudanças no mundo espiritual não são tão fáceis de entender para os encarnados, mas, em resumo, quando se altera o padrão vibratório, ocorre uma mudança de faixa vibracional, como uma mudança de país, tornando mais difícil a localização do espírito.

— Então me responda o que perguntei – falou Baixinho, com vigorosa entonação.

— Quando quer amarrar algumas pessoas para ele, o Osório guarda o ebó na tronqueira.

— Amarrar para ele como?

— Ele pretende usar a moça. Pra sexo, baixaria.

— Mas ele não é casado com outro homem?

— O homem dele quer uma mulher junto com eles, e quando viu a Vilma, enlouqueceu. Já sabe onde ela mora e muita coisa sobre ela.

— Mas não são namorados, os dois homens?

— Sim, mas o parceiro dele é um tarado sem caráter. Fica com ele e tem várias mulheres. É um cafajeste sem limites.

— Que baixaria esse médium Osório! Temos que dar um jeito nesse marginal e em seu parceiro!

— Nós nem estamos mais a fim de trabalhar com essa cigana. É só sexo e nada mais o que ela quer. Queremos outras coisas. Ela já sabe que o ebó contra a moça Vilma foi devolvido pela Mulambo. Está muito nervosa e surrando todo mundo por conta disso. É uma descontrolada. Por isso, mandou montar guarda na tronqueira para, pelo menos, segurar a Vilma na vibração do terreiro e conseguir jogá-la nos braços dos dois canalhas sexuais, Osório e seu namorado.

— Vocês conhecem quem vigia a tronqueira?

— É um palerma sem noção de tudo. É fácil entrar lá.

— E os vigias da casa?

— Podemos tentar enganá-los. Esses são osso duro de roer. Se não conseguirmos, trazemos o "ebó astral"[39] até você e aí você o destrói.

— Caso consigamos entrar, podem me ajudar a transmutar o ebó astral feito para a Vilma? Que ritual magístico ele fez?

— Podemos sim, sabemos fazer isso. Ele usou uma oração forte e um ponto riscado[40] poderoso de São Cipriano[41].

— O que ele usou como condensador energético?

— Um colar que pertence a ela. Está guardado em uma caixinha em frente à imagem de Exu das Almas.[42] Uma caixinha rosa. Ele convenceu Vilma a trazer uma peça dela, dizendo que faria um feitiço para

[39] Parte astral do condensador energético, que é um objeto pessoal que foi usado para fazer a magia.

[40] Os pontos riscados na Umbanda são compostos de símbolos que têm o poder de invocar os espíritos. Esses desenhos são a assinatura dos espíritos, já que a combinação de símbolos (setas, cruzes ou círculos) identifica o espírito invocado.

[41] A lenda de Cipriano, tido como autor do livro, também conhecido como Cipriano de Antioquia, confunde-se com Cipriano de Cartago, santificado pela Igreja Católica. Apesar do abismo histórico que os afasta, as lendas combinam-se, e os Exorcistas de Cartago e os de Antioquia, muitas vezes, tornam-se um só na cultura popular. É comum encontrarmos fatos e características pessoais atribuídas equivocadamente. Além dos mesmos nomes, os mártires coexistiram, mas em regiões distintas. Cipriano, o feiticeiro, é celebrado no dia 3 de outubro. Foi um homem que dedicou boa parte de sua vida ao estudo das ciências ocultas. Após deparar-se com a jovem Justina, com quem se casou, converteu-se ao Catolicismo.

[42] O Exu das Almas é um exu muito poderoso, do bem, que atua no socorro às almas desorientadas no mundo espiritual. Aqui a imagem dele é usada de forma equivocada, que não tem nada a ver com a sua linha de atuação.

arrumar o homem que ela queria. Mentira! O safado *tava*, na verdade, *amarrando ela*.

— Vamos marcar a intervenção para amanhã, na madrugada. Quero que o tal Osório esteja fora da matéria e no terreiro. Vocês conseguem isso?

— Fácil. Ele já vai pra lá toda noite. Não tem outro lugar na vida.

— Eu preciso fazer esse desmanche. Ela está completamente atormentada e fixada na ideia do despacho que foi feito para que Renato fosse dela. Agora voltem e bico calado, senão vocês mesmos serão os prejudicados. Após o serviço feito, eu os levo comigo.

— Quando o ebó estiver desfeito, você vai nos levar para onde?

— Para a prisão do Hospital Esperança.

— Nem acredito! Isso é um sonho para todos nós.

— Vocês agradeçam mesmo, porque terão um trabalho digno. Eu mesmo comecei assim.

— E hoje é graduado? – falou um dos quiumbas, com os olhos arregalados pelo interesse em pertencer a uma nova falange.

— Sou da Falange dos Caveiras[43]. Não me impressionam as graduações. Importa é o que fazemos com a magia que sabemos. Vocês terão muito serviço, isso eu garanto. Graduação só com tempo e dedicação.

---

[43] Os "Exus Caveira" são entidades de luz, sejam elas da linha masculina ou feminina, que lutaram com muita dedicação, honestidade, amor e fé pelas causas de Deus. Tomaram para si a missão de demonstrar aos seus seguidores as palavras de esperança e fé enviadas por Deus (Zambi), por Jesus Cristo (Oxalá) e por todos que pregavam a paz, o amor e a esperança.

Após a intervenção da equipe de Baixinho, a mãe de Vilma e mais dois amigos de nossa equipe a levaram em segurança até em casa.

Vilma, sem dúvida, estava debaixo de uma forte intercessão espiritual benéfica, cujo amparo evitava mais dores e desequilíbrios para ela. Quando o feitiço é devolvido ao "dono" ou autor, as perturbações são muito intensas e agressivas. Ela estava sendo amparada para não se envolver em quadros de intensa gravidade espiritual.

Pela primeira vez, um pouco de cansaço da situação e o desejo de mudar tomaram conta da moça. Ao chegar em casa, já na parte da tarde, ela se deitou e, devido ao seu estado físico e ante o cansaço que a tomou, dormiu profundamente e desdobrou-se fora da matéria, por completo, permitindo a nossa ação.

A mãe de Vilma e a nossa querida Salete, que vinha estudando com devoção as pombagiras, acolheram a jovem e a prepararam para fazer novo contato com Zelão, assim que ele acordasse, e marcar a sua consulta com dona Maria Mulambo, ao regressar ao corpo físico.

Quando despertou, Vilma teve um sobressalto e um profundo desejo de escrever uma mensagem a Zelão, por celular. Ela assim o fez:

— Boa noite, Zelão. Pode falar uns minutos?
— Boa noite, Vilma. Que coincidência, estava pensando exatamente em você.
— Mesmo? Sobre o quê?
— Na conversa de hoje. Lembrei-me de alguns casos que já foram atendidos por dona Mulambo e estava

aqui lendo um pouco sobre a ação da magia na vida das pessoas.

— Que livro?

— Um velho e conhecido, que já li nem sei quantas vezes. Chama-se "Magia de Redenção", do espírito Ramatis, pelo médium Hercílio Maes.

— Que legal! Eu o procurei porque não consigo me desligar do assunto que conversamos. Consegui repousar um pouco durante a tarde e acordei com um novo ânimo. Posso lhe fazer algumas perguntas e me abrir com você?

— Claro, Vilma, sinta-se à vontade.

— O que a pombagira dona Mulambo faz para amarração no amor?

— Elas, as pombagiras, e não só a dona Mulambo, têm me ensinado que magia para mudar os sentimentos de outra pessoa é intervenção no carma alheio, e pode trazer enormes efeitos na mente de quem pede e de quem sofre a ação.

Em verdade, segundo elas, esse tipo de ação magística não muda o sentimento de ninguém, porque esse campo da alma é inviolável, mas pode criar uma profunda e efetiva mudança de percepção do alvo da magia, uma vez que atinge em cheio os pensamentos. Com base nisso, a pessoa pode sim ter uma perturbação na sua avaliação pessoal do que sente e, dependendo do caráter individual, pode acontecer de tudo. Desde um simples conflito emocional até a completa paixão inesperada. É assim que a magia atinge o objetivo de quem pede. Mas isso tem tempo de validade pequeno e ilusório. Algum tempo depois, a pessoa recupera a sua lucidez e adota comportamentos com base naquilo que sente verdadeiramente. E aí vem a ruína da magia invasiva e desrespeitosa. As magias de amarração no amor, por exemplo, funcionam assim. E depois, quando o alvo resgata a consciência do seu sentimento legítimo, é só confusão e dor. O próprio alvo não sabe por que se ligou a tal pessoa, fica confuso e arrependido. Muitas vezes, a essa altura dos acontecimentos, muita gente já foi ferida e fatos ruins já aconteceram. Isso é mexer com carma e trazer uma soma de pesos desnecessários para a vida pessoal de quem acionou a magia de amarração e para as outras pessoas envolvidas.

— Mas e se uma pessoa ama a outra, será tão errado e invasivo pedir esse tipo de amarração?

— Amarração sempre é um problema, Vilma. Você pode, sim, pedir que flua o amor em sua vida, mas amarração é invasão na vida interna de outra pessoa, é um processo de efeitos imprevisíveis. Além disso, quase sempre as pessoas estão pedindo essas coisas da pior forma possível, sem qualquer respeito à vida alheia. Pedem para separar gente casada, para arruinar com relacionamentos promissores, enfim, são só más intenções.

Se você ama alguém, siga essa recomendação sadia e ética: primeiramente, procure saber se essa pessoa está livre para o amor e se não tem outro tipo de compromisso. O envolvimento amoroso com pessoas compromissadas, inclusive com causas e crenças, é como se contaminar de uma energia que já está comprometida e causa sofrimento. Você passa a fazer parte do contexto delas, mesmo que não queira. Não tem como se imunizar nesse contexto. É uma rede energética de aflição, carência e desrespeito. E mesmo quando a pessoa é livre, qualquer intervenção dessa ordem quebra com a lei natural, interfere no coração humano, que deve ser livre para as suas escolhas e para responder pelos seus atos e emoções.

— Mas Zelão! Será tão errado assim pedir a Deus que nos ajude no amor?

— Isso é muito diferente, Vilma. Primeiro, pedir não é amarrar. Segundo, pedir para Deus é diferente de fazer negócios com entidades que criam as chamadas amarrações de amor.

— Eu vou lhe confessar, estou muito desiludida, sentindo-me sozinha nesse mundo, desejosa de ter um amor, e chego a ficar revoltada com esse assunto em minha vida. Quando busquei esse tipo de ajuda, foi por isso.

— Eu entendo perfeitamente. Você é uma mulher jovem, bonita e tem mais que tentar mesmo o amor. O caminho que você escolheu, entretanto, não é uma boa opção.

— É, estou chegando a essa conclusão, depois de tanto cansaço!

— Vou repetir para você algumas coisas que já lhe disse sobre a invasão que ocorre em assuntos da magia. Há quem deseje resolver as suas pendências emocionais usando magia. Exploram sua culpa, sua mágoa, seu ciúme, sua dor e seus relacionamentos em geral.

Os que usam da magia para esse fim colocam na mão de entidades espirituais o serviço que deveriam resolver com esforço, tempo e compromisso de mudança. É uma loucura o que se tem feito com esse tema! Imaturos emocionais como somos, a única coisa que não deveríamos pensar ou fazer, em instantes de instabilidade interna, é magia. Dores emocionais e relacionamentos precisam ser resolvidos com atitudes e escolhas. Tenho lido sobre o assunto e presenciado muitas pessoas ameaçando as outras publicamente com forças de feitiço, fazendo um papel ridículo de crianças, como se tivessem uma arma na mão dispostas a atirar em quem lhes causar qualquer dissabor ou desgosto. Pura loucura humana! Infantilidade! Entram no carma dos outros, porque essas pessoas mimadas não querem ser contrariadas. Coisa de ego, de poder e arrogância, que vão criar lamentáveis episódios de prisão energética e peso para a vida de quem faz e de quem usa isso.

Quem somos nós para usar assim esse poder? Quem achamos que somos nesse universo? Magia para tirar alguém de um emprego para outro, para separar pessoas que achamos que não vão dar certo, para tirar ou afastar uma pessoa de dentro de casa, para conquistar espaços sociais que julgamos uma porta de sucesso, que interfere na vida alheia como se tivéssemos essa capacidade de decidir, escolher e determinar o que tem de acontecer. É loucura humana e egoísmo sem limites! Deveríamos usar a magia para saber dos guias o que eles acham sobre o que pensamos. Se temos uma sintonia com verdadeiros magos, os que colaboram para o bem do universo, esses espíritos vão dizer: "não vamos entrar nisso.". Sabe o que eu acho? Que um mago, pai de santo, feiticeiro, ou seja o que for, deveria, antes de fazer qualquer movimento magístico ou ritual, perguntar à sua própria consciência como se sentiria se alguém fizesse o mesmo para si.

Há muito egoísmo, perturbação e imaturidade nesse tema. Gente que confunde o conhecimento e o axé[44] que possuem com sabedoria e capacidade divina de definir o rumo da vida dos outros. No fundo, são escravos do poder de seu próprio ego.

— Zelão, o que você está me falando tocou profundamente o meu coração. Você acha, então, que eu deveria usar a minha ocasião com dona Mulambo e somente perguntar o que ela acha da minha vida amorosa?

— Seria um bom começo. Ouvir se ela tem algo a dizer é uma ótima postura. Nada impede que você manifeste os seus anseios, as suas dores e até mesmo pergunte sobre algum caso específico.

— Ela me responderia sobre isso?

— Com a maior certeza. Prepare-se para ouvir algo diferente do que ouviu até agora. Dona Mulambo é uma educadora. E tem mais, costuma falar com franqueza, sem rodeios.

---

[44] Axé é a força sagrada de cada orixá. Aqui faz-se referência a pessoas que possuem conhecimentos e dom mediúnico.

— Eu fico muito em dúvida sobre o que perguntar ou pedir!

— Vou lhe explicar algo que vai ajudá-la. Existe a magia de alinhamento cármico, na qual o que é pedido está em plena sintonia com as forças universais. Existe a magia de alteração no fluxo cármico, aquela na qual o que você pede passa a ser registrado em seu carma pessoal e no de quem fez a magia.

Vamos a uma pequena lista de pedidos que são muito complicados e comuns nas fileiras de algumas casas espiritualistas:

1) mudar o sentimento de alguém para gostar de você.

2) separar pessoas para alcançar algum objetivo pessoal.

3) mexer os pauzinhos para conseguir a vaga no emprego.

4) mexer os pauzinhos para passar na prova.

5) afastar pessoas do seu caminho para obter alguma coisa de seu interesse.

6) amarrar a vida de alguém que o ofendeu.

7) prejudicar quem fez algum mal a você.

8) dar um jeito no filho rebelde ou problemático.

— Estou chocada com seus apontamentos.

— Eu tenho visto pessoas pedirem muita coisa sobre o amor. Outro dia mesmo, acompanhei a conversa entre dona Mulambo e uma mulher que foi assistida, nesses termos:

"Então você quer que eu faça uma magia para trazer ele aos seus braços? – disse Dona Mulambo."

"Sim, isso mesmo. O mais rápido possível – respondeu a pedinte."

"Estou olhando aqui e vejo que você merece outra coisa. Coisa melhor."

"Não quero nada melhor. Quero ele. Agradeço se puder me atender."

Tem gente procurando a magia para alcançar o que quer, sendo que muitas vezes merecem ser felizes com muito mais. Mas não! São pessoas imaturas, crianças espirituais e carentes. Querem o que acham ser o melhor.

Depois sofrem horrores e ainda culpam os espíritos que lhes abriram os olhos, mas preferiram não enxergar.

— Ave Maria! Essa sou eu!
— Existe magia para tudo nesse universo. Para adoecer, para curar, para separar pessoas, para arrumar emprego, para travar a vida alheia, enfim... Qualquer coisa que você queira é de seu direito pedir, e não duvide que isso possa ser realizado. Magia funciona. Isso só depende de quatro fatores.

1) a qualidade da magia (quanto mais conhecimento, mais poder).

2) a intenção firme de quem faz a magia.

3) o carma.

4) as entidades espirituais envolvidas. É nesse terceiro ponto que quero fazer uma reflexão.

Os dois primeiros pontos são inerentes à nossa liberdade de experiência no universo: conhecimento e intenção.

Sabe o que acontece quando você invade o carma alheio? Você fica amarrado ao carma dessa pessoa. Você passa a viver uma vida compartilhada, isso é, a fazer parte dos problemas daquela pessoa que você invadiu.

Somente quem tem acesso aos Tribunais Do Carma[45] no mundo espiritual tem autorização e sabedoria para fazer isso. Os verdadeiros Exus têm essa capacidade. Quem acha que pode fazer isso aqui no plano físico, em verdade, está sob o jugo de onipotência e vaidade, criando demandas infantis e desnecessárias para a sua vida.

Invadir o carma alheio é fazer parte dele, é carregar um fardo a mais na jornada e atrair mais dores e dificuldades para a sua própria vida.

Que você pode, pode. Mas pense e dilate a sua sensibilidade para indagar: será que vale a pena?

---

[45] Tribunais do Carma são organizações do plano espiritual superior onde são examinadas as fichas cármicas de cada habitante do orbe, visando a organizar os destinos humanos no cumprimento da justiça e do progresso. Segundo algumas informações espirituais, nesses tribunais também são deliberados os destinos das nações e do próprio planeta.

— Você já havia me falado que existe mesmo essa amarração no amor, será um mal fazer isso? Pode me dar mais detalhes?

— Só mesmo quem ainda não tem noção clara do que merece e está com a sua autoestima esfrangalhada é que pode usar magia para segurar alguém perto de si. Na Casa de Pai Benedito temos vários casos. Uma pessoa procurou Exu Marabô e pediu se ele podia mudar o sentimento de um homem por sua esposa, para que ele ficasse livre para ela.

"Claro que posso, isso é muito fácil – respondeu Exu Marabô."

Então falou ela: "Do que o senhor precisa para fazer isso para mim?"

"Pelo fato de dizer que eu posso, não quer dizer que eu vá fazer."

"Não entendi."

"É que eu gosto muito das pessoas, meu papel é fazer justiça para o bem. Se eu lhe arrumar esse homem, você terá o pior companheiro que uma mulher já teve. A mulher dele é o ponto de apoio dele para evitar várias falhas de caráter que ele possui. Você não tem noção da parte sombria dele. Se eu mudo o sentimento que vai no coração dele, teremos duas pessoas tremendamente infelizes e uma louca. Acho que nem preciso dizer quem será a louca, não é moça?" Foi uma grande lição que Marabô nos deu.

Se está tão difícil arrumar alguém para amar por vias naturais, imagine quando você faz amarração de magia para alguém.

Magia de amarração só traz gente pela metade, aos pedaços. É um caminho de perdição.

A conversa entre Zelão e Vilma trouxe um novo clima para a jovem. Ela marcou a sua consulta com dona Maria Mulambo. Aceitou a mudança de local no emprego e novos ares começaram a tomar conta de sua mente. Por fim, na conversa, ela confessou que havia feito magia em uma casa e pagou caro, desejando agora reaver o seu dinheiro. Zelão, mantendo-se sempre discreto, mesmo sabendo que o caso se referia ao seu chefe Renato, a desaconselhou completamente que ela tentasse reaver o dinheiro, contando diversos casos em que a magia destruiu a vida de quem duvidou desse tipo de médiuns e dos negócios desonestos que fazem com as coisas de Deus.

Contou também como terminou a vida de muitos médiuns e pais de santo que usaram indevidamente a mediunidade com cobranças financeiras, terminando as suas vidas doentes e sozinhos. Depois de fazer um contato pessoal com dona Maria Mulambo na Casa de Pai Benedito, Vilma acalmou o seu coração e procurou informações sobre o tema. Sob orientação e acolhimento de Zelão, passou a estudar sobre a espiritualidade e alcançou certo grau de equilíbrio.

Seguiram-se três meses de intenso trabalho no caso Vilma, Osório e Renato. Houve muita mudança em pouco tempo.

Estávamos em uma reunião de planejamento de ações com Salete, Rafael e Gonçalo, quando o assunto veio à tona.

— Pai João, e como está o caso da Vilma? – perguntou Salete, que nos últimos meses estava em outra turma de aprendizado e não teve mais informações.

— Minha filha, cada um seguiu o destino previsto.

— A tal Cigana da Sedução foi presa?

— Aquelas entidades quiumbas que trabalham com Osório não mentiram ao falar para Baixinho que a Cigana da Sedução estava sendo procurada por gente da pesada. Não só por conta dos rolos em que ela entrou, mas havia algo muito mais profundo nessa fala que não era de conhecimento deles. As questões nos Tribunais do Carma inerentes à Cigana tinham sérios agravantes. Ela foi aprisionada e, "coincidentemente", na mesma época foi caçada a mediunidade de Osório.

— Caçada a mediunidade? Eis aí um tema que sempre me interessou e nunca entendi muito bem.

— Sim. Ele teve a suspensão da sua mediunidade[46], como nos ensina claramente *O livro dos m*édiuns, no capítulo 17, item 220, questão 3:

---

[46] 1ª — Podem os médiuns perder a faculdade que possuem? — "Isso frequentemente acontece, qualquer que seja o gênero da faculdade. Mas, também, muitas vezes apenas se verifica uma interrupção passageira, que cessa com a causa que a produziu.". 2ª — Estará no esgotamento do fluido a causa da perda da mediunidade? — "Seja qual for a faculdade que o médium possua, ele nada pode sem o concurso simpático dos Espíritos. Quando nada mais obtém, nem sempre é porque lhe falta a faculdade. isso não raro se dá, porque os Espíritos não mais querem, ou podem servir-se dele.". O livro dos médiuns, capítulo 17, item 220, questões 1 e 2, Allan Kardec – FEB Editora.

"Que é o que pode causar o abandono de um médium, por parte dos Espíritos?"

"O que mais influi para que assim procedam os bons Espíritos é o uso que o médium faz da sua faculdade. Podemos abandoná-lo, quando dela se serve para coisas frívolas, ou com propósitos ambiciosos; quando se nega a transmitir as nossas palavras, ou os fatos por nós produzidos, aos encarnados que para ele apelam, ou que têm necessidade de ver para se convencerem. Este dom de Deus não é concedido ao médium para seu deleite e, ainda menos, para satisfação de suas ambições, mas para o fim da sua melhora espiritual e para dar a conhecer aos homens a verdade. Se o Espírito verifica que o médium já não corresponde às suas vistas e já não aproveita das instruções nem dos conselhos que lhe dá, afasta-se, em busca de um protegido mais digno." Pouco dias depois do incidente com Vilma, Baixinho recebeu uma intimação para se tornar um "interventor cármico", isto é, foi delegada a ele a responsabilidade de fechar o terreiro no qual Osório praticava tantas bizarrices e crimes lamentáveis, o que ele fez com auxílio de uma força-tarefa oferecida pelos Tribunais do Carma.

Foram anos de intensas batalhas com as ocorrências daquela casa e com as loucuras realizadas pela marginal Cigana da Sedução.

Em uma noite de escândalos, infelizmente, dois traficantes que haviam sido lesados pelas iniciativas de Osório entraram no terreiro e deram-lhe três tiros, atingindo a parte superior das pernas e do quadril, vindo ele a ficar paraplégico.

Em verdade, muito antes do lamentável episódio, por várias vezes ele atuou como médium, mas expressando plenamente o seu animismo[47]. Não havia entidades se manifestando nas comunicações.

Atualmente, já que tudo é muito recente, ele está atormentado, em pânico e sozinho, porque o seu companheiro foi também ameaçado de morte e desapareceu. Quando foi tentar sacar a quantia para pagar o hospital, descobriu que foi roubado por ele. Só tragédias o envolvem agora.

A Prefeitura, com fiscais comprados pelo tráfico, fechou o terreiro, tornando imprópria a atividade, e o dono do imóvel pediu um despejo imediato.

Imagina a vida dessa pessoa daqui para frente!

— Meu Jesus, tenha piedade! Mas onde entrou o Baixinho nisso tudo?

Ele cuidou da parte espiritual, encaminhando muitos daqueles quiumbas, na condição de prisioneiros, aqui para o Hospital Esperança. Desfez todas as amarrações astrais que estavam dentro do terreiro e ainda enfrentou as organizações de tráfico no nosso plano para alcançar esses fins. Foi muita confusão, escândalo e

---

[47] No Espiritismo, o animismo é usado para descrever o fenômeno mediúnico produzido pelo próprio espírito encarnado, sem que ele esteja em intercâmbio com a espiritualidade, mas sim com o seu próprio conteúdo espiritual construído nas vidas passadas e na atual.

perturbação em uma noite só, em ambos os planos de vida. O assunto foi noticiário na mídia, e o impacto negativo sobre Osório aumentou, quando descobriram uma rede clandestina de sexo que era liderada pelo companheiro de Osório, sem o seu conhecimento.

Foi desmantelada uma célula do mal e do desequilíbrio.

— E essa tarefa de "interventor cármico", Pai João, como funciona? – indagou Gonçalo, que sempre ficava mais caladinho.

— Os Tribunais do Carma atuam nas esferas mais próximas da Terra com iniciativas muito similares aos fóruns da justiça humana, onde são expedidos alvarás, petições e ordens judiciais para intervenção nesses casos, obedecendo às normas da Lei. A Cigana da Sedução, Osório, e todos os envolvidos no caso têm suas fichas de várias vidas e da atual reencarnação detalhadas nessa organização. A Cigana foi uma mulher muito magoada nas questões relacionadas à família e se tornou essa criminosa confessa nos braços do ódio. Osório, já há várias vidas, vem agindo com impulsividade nos temas do amor e do ganho material, sendo uma criança espiritual diante de seus medos e tormentas sobre a carência afetiva e a penúria. Ambos são espíritos doentes e infelizes. O interventor é alguém que assume o comando do caso, em certas circunstâncias. O Baixinho já vinha trabalhando nas histórias da Cigana há um bom tempo. Todo interventor, para assumir essa responsabilidade, tem que estar acompanhando o caso, ter construído uma base de apoio no mundo físico para suporte às suas ações no astral e pertencer, com certa graduação, à Hierarquia Exu ou outra afim, conectada com as esferas da justiça no mundo espiritual. Ele reunia tudo isso e mais alguns requisitos.

— E que bases ele construiu no mundo físico para suporte ao trabalho dele?

— Ele tem uma forte ligação com a nossa querida trabalhadora dona Mulambo na Casa de Pai Benedito, e com ela elaborou todo um campo de ação.

Não foi sem motivo que Renato, Vilma e vários outros casos que ele acompanhou terminaram sob supervisão de dona Mulambo.

— Casos como o de Vilma e Renato não são comuns, não é pai?

— Não, não são comuns. Renato colaborou grandemente com a sua conduta. Vilma, apesar da imaturidade, foi bem encaminhada a tempo. Ambos foram felizes e evitaram dramas lamentáveis, o que infelizmente, na maioria dos casos, não é o que acontece. Nos assuntos da magia mal conduzida, o que mais acontece são desdobramentos lamentáveis para todos os personagens, para quem faz a magia, para quem a pede e para quem ela é destinada.

O tema merece atenção e cuidados espirituais. Esse o motivo de desejarmos arquivar nossos apontamentos para posterior envio ao mundo físico, pela psicografia. Quantas doenças, dissabores, estados de inutilidade e depressão poderiam ter rumo diferente, se as pessoas se protegessem mais ou se desejassem propósitos mais nobres perante a vida. Vivemos mergulhados em campos de influência uns sobre os outros, assim como os peixes mergulhados no oceano. Sem exageros, para quem está dentro da vida na matéria, o campo astral é tão diversificado e intenso em seu raio de influência, que raramente podemos afirmar que o jeito de ser de alguém pertence somente a ele mesmo. Refletimos milhões de criaturas, e milhões de criaturas nos refletem. Só mesmo quem tem avançado na espiritualização de si mesmo, dilatando sua capacidade de autoconhecimento e autotransformação, é que amplia sua possibilidade de talhar e de expressar sua individualidade, resguardando sua vida mental desse "assédio energético". Renato quase se contaminou. Vilma por pouco não enlouqueceu. Osório pensou em suicidar--se nesses primeiros tempos na cadeira de rodas. Recebeu a visita dos filhos e entrou em tão grande crise que foi medicado com sedativo na veia, tamanho o remorso pelas loucuras que cometeu.

Magia não é apenas um ritual para prejudicar ou alcançar objetivos, magia é relacionamento energético com a vida. Protege-se com mais sabedoria e eficácia quem entende os mecanismos opressores das forças invisíveis que envolvem campos de energia, entidades desencarnadas e outras forças que atuam fortemente determinando o pensamento, o sentimento e a ação. O episódio converteu-se para Renato em portas que se abriram para ampliação de suas noções sobre proteção e ação dos espíritos. Para Vilma, serviu para abrir os olhos sobre a necessidade de construir a sua autonomia e lutar pela sua própria vida com mais dignidade e esforço. Já para Osório, sob a ação implacável dos Tribunais do Carma, o destino foi o da expiação dolorosa. Os homens e mulheres no mundo físico necessitam vigiar suas manifestações de interesse pessoal e não as confundir com pedidos de fé e auxílio. Há muito egoísmo camuflado na busca de Deus nas comunidades religiosas.

05

A ALA DOS EXUS NO HOSPITAL ESPERANÇA

Em uma madrugada, no Hospital Esperança, durante uma pausa nas tarefas, fomos visitar a Ala dos Exus, para ampliar os horizontes do tema pombagira.

Salete, Gonçalo e Rafael formalizaram, junto à nossa equipe, o compromisso de realizar anotações mais detalhadas sobre o tema. Depois de acompanharem o caso Vilma e Renato, desenvolveram larga motivação para aprofundar os seus conhecimentos.

Foi Salete que, sempre muito curiosa e desejosa em aprender, nos trouxe a seguinte observação, que abriu uma longa e valorosa conversa:

— Pai João, estou de "boca aberta" com as revelações que dona Mulambo ofereceu no caso de Vilma e Renato. Li todas as anotações sobre a sequência dos acontecimentos. Em minha vida espírita, com décadas de trabalho na mediunidade, nunca presenciei um nível tão espontâneo de diálogo e abertura. Começo a compreender por que estou nessa equipe. Digo isso também aos meus colegas Gonçalo e Rafael.

— Boa parte dos grupos espíritas reduziu o intercâmbio mediúnico a atendimentos a desencarnados. Esse é um trabalho de relevante importância, conquanto seja apenas um dos múltiplos e abrangentes frutos que se pode obter na relação com o mundo dos espíritos. O benfeitor Teófilo, ligado à obra social que

Renato administra, sabendo disso, e reconhecendo a necessidade de ampliar a experiência do grupo, se esforçou para abrir essa fresta de aprendizado. Na verdade, em todas as organizações cujos dirigentes possuem o sentimento e os pensamentos abertos a aprender e reciclar conhecimentos, esse tipo de convite-oportunidade tem sido feito. Os modelos de vivência mediúnica com esse caráter de atendimento suprimiram o que existia nos primórdios do Espiritismo no Brasil, ou seja, prevaleceram o diálogo, a chance de perguntar e ampliar as noções sobre a interação entre o mundo dos homens e o dos espíritos fora da matéria, e o mais importante, a manifestação livre da palavra deles, além dos tratamentos que ofereciam pelo bem da saúde física e espiritual.

Um Espiritismo com espíritos, essa é a proposta. Por essa razão, espíritas convictos da necessidade de mudança desse cenário serão estimulados por nós, os desencarnados, a examinar com muita atenção e desapego os modelos mediúnicos empregados pelos umbandistas e outros gêneros de espiritualistas. Com os umbandistas, vamos encontrar um autêntico serviço social, que permite aos homens o encontro com a imortalidade, por meio de médiuns incorporados e dispostos a alertar, ensinar e proteger os seus assistidos em ambientes abertos e ricos de contato com os espíritos. Um serviço de fé legítima e sensível às forças espirituais.

— Pai João, de minha parte, além de surpresa com as revelações, achei a Maria Mulambo uma mulher firme e elegante. Jamais imaginei que seria assim uma pombagira. A cultura popular que se divulga sobre elas é que são sensualistas e provocantes, uma figura promíscua e insinuante.

— Você vai encontrar muitas manifestações mediúnicas de pombagiras nesse feitio comportamental. Tudo depende da entidade, da filtragem do médium e do contexto do grupo. Propagou-se esse conceito por deturpação, pois que elas, em verdade, são de outro nível de conduta e forma de ser. As pombagiras foram espíritos que desenvolveram muito a sensibilidade e a sedução, aqui entendida como poder de tocar a alma e não de conquistar sexualmente. São sedutoras pela energia vibrante e encantadora. Empoderadas, no sentido de uso da força do feminino sagrado. São arrebatadoras pela capacidade emocional de atingir o sentimento alheio. São ricas de empatia, conseguindo sempre perceber as necessidades alheias mais profundas, tanto no campo emocional quanto no psíquico. Hoje formam uma organização respeitadíssima no mundo astral, pertencente à Hierarquia Exu, Embaixadores e Embaixadoras do Cristo na aplicação da lei do carma. Assim como os Exus, elas também têm uma atuação decisiva na aplicação da lei do carma, sendo que agem em contextos mais conectados aos sentimentos e à dor humana.

Elas não são espíritos exclusivos da Umbanda, conquanto nossos irmãos umbandistas tiveram a coragem de ser os que abriram as portas para elas na mediunidade, desde os primeiros movimentos da Umbanda no Brasil. Elas representam, em suas manifestações, a força feminina, carregam arquétipos – ideias que estão no inconsciente pertencentes à ancestralidade de todos nós – de mulheres fortes, sábias, empoderadas, expressam o sagrado feminino da ternura conjugada com a sabedoria, da bondade conciliada com a força e a determinação. Devido ao sombrio humano, que assimila os arquétipos conforme o nível de sua evolução, elas foram confundidas com mulheres fora do seu tempo, fora dos limites, e assim consideradas promíscuas e perturbadas, fora dos "modelos" de mulher correta e moralizada. Com o tempo, associou-se a sua figura a assuntos de relacionamentos amorosos e, consequentemente, sexuais. Foram consideradas, erroneamente, como espíritos que desfazem casamentos e trazem um amor de volta. Coisas que também existem, disso não duvidem, mas não com as verdadeiras pombagiras.

Pombagiras são rainhas da amorosidade. Psicólogas dos sentimentos. Elas se tornaram o símbolo da insubmissão aos preconceitos, da independência do ser, da ousadia da autenticidade, da expressão com opinião própria, da autenticidade competente e poderosa. Muito antes dos movimentos feministas na década de 60, elas já prenunciavam mudanças radicais na conduta da mulher, enaltecendo o suposto "sexo frágil". Um grupo enorme de mulheres médiuns no corpo físico e mesmo de pombagiras fora da matéria, não sabendo lidar com essa figura da mulher forte, passaram a se expressar de uma forma deturpada, ameaçadora, usando a força para humilhar e impor um respeito que não é dado à mulher. Elas são confundidas com a ideia de serem indecorosas ou arrebatadoras, porque ultrapassam os modelos de comportamento da mulher. Vão além dos limites e são mal interpretadas. São ousadas, intimistas e corajosas, e isso assusta. E se a médium que a recebe for alguém com processos psicológicos muito repressores, vai externar isso com desequilíbrio, não será uma filtragem fiel.

De fato, existem muitos espíritos usando o "brasão" pombagira que se enchem de trejeitos de sensualidade. Isso existe mesmo e as verdadeiras pombagiras as envolvem para um processo de educação e melhoria, já que todas elas, as falsas e as verdadeiras, são espíritos com alto poder de sedução bem direcionado, usado conforme a sua graduação moral. As pombagiras impostoras são denominadas quiumbas e se aproveitam de médiuns desavisados, que não avançaram no conceito de feminismo consciente e moralizador, se expressando com exageros e modos inconvenientes à saúde espiritual. Assim como tudo que diz respeito à mulher no planeta está em mutação, essa manifestação tipificada de pombagira também está sofrendo mudança.

Essas imagens de pombagiras seminuas e que se incorporam cheias de sensualidade existem mesmo, são quiumbas, espíritos ainda dotados de um certo grau de desorientação, conquanto sejam extremamente competentes na magia, no poder mental e na inteligência. No entanto, não é assim que se manifestam as verdadeiras pombagiras, que mesmo sendo muito cativantes, dentro do conceito de cativar pela inteligência e da alma, são recatadas e coerentes. Sinceras, mas sem baixarias. Amorosas, mas sem vulgaridade. As pombagiras, muito conhecidas na Umbanda como Moças da Rua, são assim chamadas porque a rua é onde trabalham, socorrendo bêbados, drogados, espíritos desorientados e todos que trafegam no astral do planeta com necessidades diversas, conhecidos como eguns, almas soltas, sem rumo, escravizados.

As pombagiras compõem uma hierarquia tão importante quanto a dos Exus, e fazem par com eles em muitos trabalhos. São rainhas da bondade e da misericórdia. Dominam a energia da amorosidade e do afeto, muitas vezes confundida com sexualidade e sedução. São exímias magas do sentimento, sendo capazes de trabalhar com algumas das principais doenças emocionais que vêm consumindo multidões, como a mágoa, o medo, a culpa, entre outras. São chamadas em nosso plano de "esgotadoras da mágoa", tamanha a habilidade que desenvolveram para limpar essa matéria pegajosa e de difícil transformação no coração humano. Elas possuem um faro mental apurado para identificar essa energia, onde ela se localiza na estrutura energética do ser, transformá-la em matéria de qualidade superior e curar os mais diversos efeitos energéticos, emocionais e mentais da sensação de fracasso e perda, de que padecem as pessoas em sofrimento pela dor da ofensa. A maioria delas, não todas, teve uma larga trajetória reencarnatória como magas Atlantes, Wiccas[48], feiticeiras africanas, bruxas, sacerdotisas celtas, adivinhas e diversas outras vivências nos campos de aplicação da magia e no uso das leis naturais da energia universal.

— Meu Deus, Pai João! Quanto esclarecimento! Conceitos muito interessantes. Do que aprendi em mediunidade, sei que os médiuns filtram conforme o seu próprio animismo, ou seja, aquelas experiências que pertencem a eles próprios. Se as pombagiras são mulheres fortes – eu as imagino como mulher –, quem recebe essas entidades deve deslocar o seu campo mental para níveis muito avançados na expressão de forças e conquistas. Seria isso?

— Exatamente isso. Para muitos médiuns, receber pombagira é experimentar o impulso de ser alguém mais poderoso e viril no sentido psicológico, moral e mental. É por isso que há muitos exageros quando

---

[48] Wicca é uma crença religiosa espiritualista pagã influenciada por crenças e práticas da Europa Ocidental que afirma a existência do sobrenatural, da magia e dos princípios físicos e espirituais femininos e masculinos que interagem com a natureza.

o médium não está apto a lidar com tais características. Além disso, devido à autenticidade de suas per-
sonalidades, elas são espíritos que, quando incorporam, naturalmente expõem o que está escondido no
inconsciente dos médiuns. Elas possuem uma energia reveladora que, sob o seu influxo, faz emergir as
falsidades humanas.

— Nossa, Pai João! Que medo disso! Quer dizer que as
pombagiras falam sobre os defeitos dos médiuns?

— Não se trata disso. Elas fazem o médium se sentir assim para o bem deles próprios, conectam os media-
neiros com o seu inconsciente mais profundo, fazendo com que sintam o desejo de melhorar, de resolver
aqueles assuntos pendentes dentro deles. Funcionam como espelhos morais. Por isso, costuma-se dizer que pombagira é revelação "quando desce" e interiorização "quando sobe".

— Ah, que bom. Então entendi melhor agora! Renovei
por completo o meu conceito de pombagira e também sobre Exu nesses últimos meses. Lembro-me
bem de como eu, quando encarnada, desprezava os
umbandistas por conta dessas entidades. Certa vez,
uma médium de nossa casa recebeu uma tal Maria
Navalha, e foi julgada e repreendida com severidade
pelos nossos dirigentes.

— É o resultado de uma prática mediúnica com excesso de regras e ausência de pesquisa. O tempo
vai mudar todos esses conceitos nos ambientes espíritas e espiritualistas. Nós mesmos, com os nossos trabalhos no astral, podemos colaborar. Vamos

começar a nossa visita? Temos apenas algumas horas, pois nesta noite terá uma palestra de dona Maria Mulambo, aqui na Ala do Exus, que gostaríamos que a equipe assistisse.

Deslocamo-nos para a Ala dos Exus. Em verdade, entramos no local reservado aos serviços de defesa do Hospital Esperança, e que, pelo papel ostensivo e grandioso dos Exus, era mais conhecido como sendo a ala deles.

Essa ala fica bem nos portões de entrada, já que é ali que mais acontecem os episódios de agressividade, em função da constante presença de muitos espíritos desejosos de ingressar no Hospital para os mais diversos fins.

O nível de segurança dessa entrada é muito alto, com uso de tecnologia avançada de radares hipersensíveis ao movimento de espíritos encarnados e desencarnados, capazes de detectar a faixa de vibração de cada um em uma escala de frequências. Tecnologia que não permite engano e favorece uma segurança na seletividade de quem se aproxima do hospital.

A Ala dos Exus divide-se em três blocos: um Centro Preparatório, um Centro Prisional e uma Enfermaria de Urgência.

Começamos visitando a Enfermaria de Urgência, que se localiza bem perto dos portões da recepção da nossa casa abençoada, o Hospital Esperança. São mais de 500 leitos, devidamente organizados, e algumas câmaras isoladas para serviços mais especializados, como cirurgias, entre outros.

Da enfermaria, fomos ao Centro Prisional, composto por um longo e largo corredor, vigiado por câmeras de monitoramento e muitos soldados da defesa, que não só vigiavam o local, como também acompanhavam alguns casos mais graves de pacientes violentos ou doentes mentais. Mesmo sendo apenas um corredor, havia diferenças nos equipamentos e no mobiliário, dividindo-os em três diferentes especializações: casos de atendimentos breves, alas de encarceramento e blocos de cirurgias e procedimentos mais demorados.

Em toda a extensão do local, os guardas usavam algo parecido com uniformes do hospital e armas energéticas nos coldres. Os enfermeiros usavam também alguns equipamentos de segurança com armas que emitiam raios paralisantes, as quais, com muita frequência, eram usadas em casos de espíritos que foram socorridos em regiões inferiores. Aquele ambiente mais recordava um hospital psiquiátrico com graves quadros de doença mental.

Muitos, quando acordam da inconsciência, ficam atormentados ou então não aceitam estar internados. Dali são levados para a prisão ou tratados com fortes sedativos, até ser mais bem avaliada qual a indicação de tratamento para cada um.

Fomos passando lentamente ao longo do corredor, para que nossa equipe pudesse ver de perto o resultado dos trabalhos dos servidores de defesa no hospital, entre eles os exus e as pombagiras.

Além das especificações citadas sobre a Ala dos Exus, os pacientes eram divididos conforme a religião. O Hospital Esperança tem a característica de atender cristãos consciencialmente falidos ou em estado de completa depressão. Sendo assim, o tema religião tem tão grande influência nos pacientes que, quando possível, eram organizados por segmento religioso. Tínhamos a seção dos espíritas, dos pastores evangélicos, dos umbandistas, dos católicos e assim por diante.

Paramos na seção dos umbandistas, e ali os soldados não só portavam armas, mas apresentavam-se a rigor, conforme são celebrados na Umbanda. Alguns com capas, outros com adereços em preto e vermelho, outros com cartola, outros sem camisa e descalços. Porém, seus rostos eram belos e de pele muito brilhante, além do normal. Nada que lembre as estátuas vendidas no comércio de artigos religiosos do mundo físico. Nada de chifres, pés de cabra e outros folclores. As pombagiras trajavam vestes lindas e recatadas. Embora seja necessário mencionar que eles e elas podem, sim, adotar expressões mais grotescas, quando em trabalho para fins educativos nas regiões inferiores.[49]

Alguns trajes das pombagiras são muito similares aos das ciganas, com saias rodadas, muita renda e blusas justas com mangas bufantes. Tudo em preto e vermelho,

---

[49] Esse tema foi esclarecido no livro *Guardiões do carma – a missão dos exus na Terra*, autoria espiritual de Pai João de Angola, psicografado pelo médium Wanderley Oliveira - Editora Dufaux.

com muito brilho. Outras usam vestidos longos, simples, mas elegantes. Muitas têm penteados lindos e de bom gosto. Elas adoram o coque nos cabelos, e como a maioria tem cabelos longos, além dos coques, ainda os deixam soltos, cacheados ou lisos.

De fato, as pombagiras davam leveza e graciosidade ao ambiente da Ala dos Exus. Sempre muito sorridentes e amorosas, limpavam fezes e outros fluidos que saíam dos enfermos que se encontravam em dor e desorientação. Todas demonstravam profundo conhecimento médico e destreza no uso de magia, para cicatrizar feridas e transmutar energias pesadas completamente incrustadas na organização perispiritual dos doentes. Os gestos coordenados de muitas delas lembravam uma coreografia, com a qual tratavam mais de um paciente ao mesmo tempo. Era nítido o volume de forças que conseguiam concentrar, dispersar e transformar.

Algumas aglomeravam os fluidos recolhidos nas mãos e os colocavam em pequenos recipientes para futuro uso medicinal. Vários técnicos recolhiam esses recipientes e levavam em carrinhos para os laboratórios do hospital. Os leitos onde atuavam resplandeciam em cores de diversas tonalidades, do lilás para o amarelo e do verde para o azul. Pareciam luzes acendidas no teto, embora ficasse claro para os nossos olhos que tudo emanava das mãos delas. Muitas, de forma espontânea e natural, gesticulavam as mãos abertas no ar e produziam fogos, que queimavam as bactérias e dejetos nos leitos em que atuavam. Era uma cena curiosa e bonita de se ver, aqueles fogos saindo de suas mãos com tanta clareza e sendo direcionados para queimar a toxidade do local, sem provocar qualquer incidente ou sobrecarga ao ambiente.

Nossos alunos, Gonçalo e Salete, que ainda não conheciam o local, pareciam encantados com o que viam. Já Rafael, mais experiente, apenas estava ali mais uma vez. Era um local conhecido e comum em suas visitações.

Eles olhavam para tudo aquilo como se fosse um filme bem produzido na televisão, com um cenário diverso e ao mesmo tempo encantador. Diversas religiões inspiradas na mensagem do Evangelho estavam ali reunidas e representadas pelos seus caracteres marcantes e distintos. Salete então se manifestou:

— Querido Pai João, não sei o que está acontecendo comigo. Eu estou mesmo aqui ou é um quadro da minha vida mental?

— Não, Salete. Não é imaginação. Você está vendo o que está vendo.

— Meu Deus! Será que o religioso na matéria terá um dia a noção, antes mesmo de desencarnar, de que existe um lugar assim? Tenho a sensação de que entrei em um teatro e que tudo isso é apenas um cenário.

— Não é um teatro, minha filha. É a realidade.

— Quanta leveza estou experimentando! Parece que eu não sou eu. Olho esse fogo na mão delas e, parece loucura, gostaria que elas o usassem em mim.

— Aqui, conseguimos a materialização do sonho humano de extinguir as barreiras e unir o que parece estar separado. O amor e a dor são os únicos caminhos capazes de realizar isso. Aqui, no caso, as barreiras das diferenças são rompidas pela injunção da dor que se abate sobre todos os que aqui se encontram, e pelo amor dos Exus que usam de sua sabedoria para libertar almas.

— Só não entendo essa separação de leitos por religião!

— É essencialmente por uma questão de segurança. Muitos, ao acordar, só aceitam dialogar com quem esteja conectado à mesma crença religiosa que cultuavam enquanto na matéria. Outros, assim que recobram a lucidez e passam alguns dias aqui, começam a criar problemas com o fato de ter outros segmentos misturados com o deles, e surgem conflitos desnecessários. Então são transferidos, conforme as suas atitudes e necessidades.

— Eu sempre imaginei um plano espiritual diferente. Supunha mesmo que essas divisões não existissem por aqui, mas vejo que me equivoquei.

— Os planos espirituais mais próximos do astral da Terra mudam muito pouco, minha filha, em relação ao que se passa no plano físico.

— Eu estou entendendo isso. A realidade me constrange. E essas pombagiras, Pai João! Parecem ter uma força de atração tão grande, que eu mal resisto ao impulso de sair correndo e abraçá-las. Uma sensação incrível me toma a alma.

— Qual é a sensação, Salete?

— Não sei bem como é isso. Sinto um desejo enorme de me deitar em um leito desses e ser tratada por elas. Quase não me contenho, Pai João!

— É exatamente isso, minha filha. Elas são dotadas de tão forte irradiação de cura e amor, que é assim mesmo que qualquer um se sente diante delas.

— Ai, Pai João! Será que posso, pelo menos, abraçá-las?

— Faça o que desejar, Salete. Estamos no mundo da autenticidade e liberdade da alma.

Ela não se conteve. Olhou no salão, visualizou uma linda pombagira que se encontrava mais afastada e correu. Parecia que aquela pombagira a esperava. Virou-se para a direção de onde vinha Salete, abriu os braços e a abraçou. Ela simplesmente entrou em choro inexplicável, dizendo, em soluços:

— Perdoe-me, eu precisava abraçá-la. Não sei quem você é, mas preciso abraçá-la.

— Abrace-me, mulher – falou a pombagira, com afeto –, eu sou Rosa Caveira e a abraço com amor. Estamos unidas na eternidade.

— Que sentimento é esse, minha irmã? Estou aos prantos só de olhar para você. Quanta energia do bem!

— Você tem saudade do amor. Você tem saudade de ser cuidada. Seu ego a destroçou.

— Nossa! Nunca ouvi tanta verdade sobre mim, em tão poucas palavras. A vontade que me dá é de pedir: "Cuide de mim, limpe minha alma!".

— Sua alma vai ser limpa, mulher. Ela tem fome. Tem fome de amor. Você é do bem e apenas não soube, como muitos, a receita para nutrir-se de amor. Você deu amor sem ter, você plantou as poucas sementes que possuía e apenas não colheu os frutos da sua própria sementeira.

— Meu Deus! Como alguém que não me conhece pode saber tanto assim sobre mim?

— Não sou eu que sei. Sua alma é quem me diz. Eu apenas lhe transmito o que ela me fala. Feche os seus olhos agora – disse Rosa Caveira, abrindo a mão direita sobre a testa de Salete.

Salete perdeu os sentidos, sendo socorrida por enfermeiros gentis e colocada em um leito. Rosa Caveira nos disse:

— Pai velho! Sua benção, meu querido Pai João!

— Eu a abençoo, dona Rosa.

— Deixe-a aqui comigo alguns dias. Eu cuido dela.

— Faça-me essa caridade. Você sabe muito bem qual é a dor interna de Salete. Ninguém melhor do que você, minha filha, para acalmá-la.

Deixamos Salete, inconsciente, aos cuidados da amada pombagira. Gonçalo mostrou-se preocupado e resolveu indagar:

— Pai João, estou completamente sem noção sobre o que aconteceu aqui.

— Meu filho, Salete encontrou o amor nos braços da dona Rosa Caveira.

— Ela vai ficar bem? Por que ela apagou?

— Foi anestesiada por dona Rosa. Certamente, vai ser operada.

— Operada de quê?

— De mágoa, meu filho. Ela teve o seu corpo mental inferior fragmentado[50] pela pombagira. Nesse corpo, Salete traz um tumor de mágoa que será dissolvido pela bondade e grandeza dessa pombagira.

— Tumor de mágoa?

— Sim, Gonçalo. A especialidade de dona Rosa Caveira é o esgotamento etérico da mágoa. A falange dela é conhecida como "os desmanchadores", é um grupo que é profundo conhecedor da magia e da vida emocional.

Elas trabalham sempre com a equipe do Exu do Lodo[51], que são os espíritos que possuem mais poder mental para absorção de profundas e velhas tumorações etéreas no duplo etérico, no perispírito e no corpo mental inferior. Venha cá que vou lhe mostrar algo que o fará entender melhor.

Bem perto do leito onde Rosa Caveira deitou Salete, totalmente inconsciente, ficava mais fácil observar a fragmentação dos corpos. Com um pouco mais de concentração, Gonçalo viu o corpo mental inferior dela deitado ao lado do seu corpo espiritual.

---

[50] Aqui a fragmentação se dá pela separação do corpo metal do perispírito que, quando ocorre desloca também todos os demais corpos sutis superiores.

[51] Exu do Lodo é uma linha de espíritos que trabalham na falange dos Exus Caveiras. São espíritos com muita habilidade em extrair as energias pesadas, principalmente das doenças.

— O que você viu de diferente no outro corpo de Salete, Gonçalo?

— Pai João, que é isso? Ela tem uma enorme verruga porosa na testa[52], do tamanho de um melão.

— Tumor de mágoa, meu filho. Entendeu?

— Esses tumores podem se manifestar no corpo físico?

— Foi o que retirou Salete da matéria. Um câncer de língua.

— Mas o tumor é na testa.

— O tumor dela é uma excrescência do chacra frontal, originado pela forma cruel e dolorosa com a qual se manifesta a mágoa dela. Pessoas magoadas, em síntese, não se amam, porque, se gostassem de si mesmas, procurariam não carregar esse fogo ardente da ofensa, que queima a si próprio na avassaladora dor da raiva contida.

— Seria inconveniente lhe perguntar do que se trata a mágoa de Salete?

— Ela foi ferida no amor. Traída pelo esposo, tornou-se numa mulher amarga e inconsolável.

— Ela nunca falou sobre isso em nossas atividades.

— É uma dor profunda, Gonçalo. Quando uma mágoa chega ao ponto de matar o corpo, é sinal de que a dor é tão profunda que, mesmo aqui desencarnada,

---

[52] Os teosofistas dizem que há correspondência direta entre as várias regiões dos corpos. Informam eles que a fixação doentia em determinado assunto coagula energias concernentes àquela temática, causando uma espécie de "ossificação" no corpo mental. André Luiz fala a mesma coisa entre psicossoma e corpo físico.

haverá um momento certo para tratá-la e curá-la. A morte não dá saltos no processo de aprimoramento da alma. Mesmo com tantas diferenças fora da matéria, as questões inerentes à alma são impenetráveis até que algo como o que aconteceu aqui mude a direção dos acontecimentos.

— Qual é o motivo dessa tão estranha atração de Salete pela pombagira?

— Como lhe disse, ela é uma mestra de cura da mágoa. Salete, na essência divina do seu ser, sentiu que estava diante do remédio.

— Como vai ser tratado esse tumor?

— Com cirurgia mesmo. Usando tecnologia extraterrestre e antibiótico que será produzido no laboratório do hospital, usando a mesma cadeia de DNA do tumor.

— Meu Deus. Isso tudo é muito para a minha cabeça pequena.

— Nada a estranhar, Gonçalo. Semelhante cura semelhante, *Similia similibus curantur*[53], o mesmo princípio da Homeopatia. Mesmo sendo tão etéreo, o tumor será coletado energeticamente, pesquisado e dará origem à medicação, que será eficaz somente para ela. Outra pessoa não poderá usar essa medicação. A medicina espiritual é sob medida.

— Eu cheguei a pensar que seria o tal Exu do Lodo que retiraria esse tumor.

---

[53] Esse é o princípio fundamental da homeopatia: *"os semelhantes se curam pelos semelhantes"*. Isso quer dizer que as doenças são curadas por medicamentos naturais que produzem efeitos semelhantes aos da doença adquirida.

— Em um caso tão grave como o de Salete, ele não participará do auxílio. A equipe de Exu do Lodo tem larga experiência em vampirismo, isto é, na sucção de campos energéticos deteriorados, limpeza de crostas e fibroses que se formam nos corpos sutis e uma grande atuação em desmanche de feitiços e quadros infecciosos da aura.

— Quando possível, gostaria de conhecer um Exu do Lodo. Como ele é?

— Quase sempre se apresenta com expressões de deficiência e se arrasta no chão como se fosse um aleijado. Foi assim que desencarnou, com uma doença que o matou lentamente, impedindo os movimentos das pernas. Foi envenenado. Uma história muito triste.

— Que lamentável! Pai, essa dona Rosa, tão linda como aqui se mostra, é a mesma que se manifesta na Umbanda fumando cigarro e toda insinuante?

— Sim, é ela. A parte do cigarro fica para alguns componentes de sua falange. Essa aqui, a chefe da falange, não usa cigarro, embora possa se manifestar e usar, por conta dos hábitos do médium ou dos costumes do terreiro onde se manifesta. Quanto a ser insinuante, é o que já explicamos em outras ocasiões. Elas são encantadoras, como você pode perceber, mas não insinuantes.

— E o fato de ela se apresentar com metade do rosto como caveira, como já tive a oportunidade de me informar?

— Isso, sim, pertence a essa linda mulher. A chefe de falange e todas que lhe seguem assim se manifestam por uma questão de identificação do grupo. Não é qualquer espírito que consegue esse tipo de transfiguração, com tanta perfeição. Portanto, isso se tornou quase que uma senha da falange.

— Então outros espíritos que quiserem iludir e enganar não conseguem essa forma de se apresentar?

— Essa é a falange que menos chance tem de existir impostores. Pelo menos aqui no mundo espiritual. Mas, nos grupos mediúnicos que as recebem, isso não faz muita diferença. Assim como qualquer exu ou pombagira podem ser falseados pelas entidades quiumbas, a falange Rosa Caveira está também sujeita a essa situação.

— Somente dona Rosa Caveira trabalha com mágoa, ou outras falanges de pombagiras podem também fazer esse tipo de trabalho?

— Rosa Caveira é especialista em doenças provenientes da dor emocional. De uma forma quase geral, as pombagiras são muito eficazes nesse tema. Dona Rosa, porém, é conhecida pela enorme eficácia em casos de mágoa. Por essa razão, a popularidade lhe conferiu o título de "Pombagira do Perdão". Ela é uma cirurgiã da alma nesse tema da dor da mágoa. Inclusive, médiuns diversos que a recebem no mundo físico realizam grandes prodígios do bem, quando incorporados com ela, procedendo no esgotamento etérico da matéria da mágoa.

— A mágoa parece ser um problema muito sério, não é Pai?

— É a mais severa doença emocional do planeta, meu filho. Considere que, de todo nível de insatisfação humana, a mágoa seja a mais presente, uma vez que toda mágoa traz efeitos muito nocivos ao organismo físico e energético. Por aí se tem uma noção do quanto as pessoas carregam os mais diversos dramas, sem ter a noção de que a mágoa é a origem delas. Mágoa não é apenas resultado de ofensa nos relacionamentos. Mágoa é não aceitar o que acontece e sofrer com o que não se aceitou. Quando alguém pede a dona Rosa uma magia para prejudicar uma pessoa, ela trabalha a mágoa envolvida na questão, fazendo o esgotamento etérico da mágoa. O resultado é extremamente educativo, porque aquele motivo que a pessoa tinha para prejudicar a vida de outro é diluído, e ao se obter leveza, ela acaba desistindo de suas intenções. Nesse caso, quando os consulentes a buscam novamente e ela pergunta como estão as coisas, as pessoas costumam dizer que tudo mudou e que nem sabem explicar o que aconteceu. Tudo isso se esclarece em razão de a aura da pessoa ter se libertado da ofensa, que provoca um clima de muita agressividade e desamor, alimentando ilusões mentais de desforra e maldade. Curando essa dor interior, quem pede a magia se vê tão aliviado que imagina que o que pediu foi alcançado. Dona Rosa, evidentemente, como educadora, esclarece que o pedido foi sim atendido, mas não como quem pediu gostaria.

— Que interessante, isso. Quer dizer que as pessoas que a procuram para prejudicar alguém fazem isso em razão de estarem magoadas?

— Gonçalo, a grande maioria das dores humanas, sejam ou não avalizadas pela justiça dos fatos, são nascidas da contrariedade que o coração humano sente diante de seus interesses. Limpar a mágoa é a maior das magias que alguém pode alcançar, é a mais libertadora da face da Terra. Quando lhe disse que a mágoa é a maior doença emocional do planeta, não é uma mera figura de linguagem. É fato científico comprovado em nossas organizações do astral. As estatísticas nos apontam que a depressão é a maior doença mental, a mágoa é a maior doença emocional e a hipocrisia é a maior doença do comportamento. Qualquer hospital que se erga com propósitos curativos, tomando por base o espírito imortal, devem considerar essas três dores humanas como ponto de partida para explicar todos os quadros de enfermidade. A cura da depressão, da mágoa e da hipocrisia se encontra nos três vetores erradicadores: recuperação da alegria, do perdão e da autenticidade. Um verdadeiro receituário de libertação da alma.

Portanto, não será exagero afirmar que quem procura a magia está magoado, no sentido de estar contrariado e insatisfeito. Esse é o clima emocional da grande maioria das pessoas que fazem algo com base nos trabalhos de feitiçaria.

— Maravilhosa visão da medicina da alma! Pretendo estudar mais esse assunto. Pai, essa dona Rosa Caveira, chefe de falange, é uma guardiã? Ela tem um nome próprio?

— Ainda não, no sentido de graduação. Mas logo vai receber essa designação da parte de Eurípedes Barsanulfo. Ela é uma representante da escola de Évora[54]. A nossa Rosa Caveira, que se chama Isabel, nome de uma de suas últimas vidas em Portugal, vai ser graduada na falange de dona Maria Mulambo, a guardiã que trabalha aqui no Hospital Esperança fazendo elos com os conhecidos Tribunais do Carma.

— Identifiquei em outros pacientes algo parecido com o tumor de Salete, só que localizado no perispírito. São mais fáceis de perceber.

— É verdade. A tumoração emocional da mágoa, mais cedo ou mais tarde, vai se manifestar nesse formato. Boa parcela dos tumores malignos tem íntima relação com perdas que, por sua vez, ocasionam os quadros de mágoa. A conexão entre perda, tristeza e mágoa costuma desenhar um dos episódios mais conhecidos do comportamento humano, a revolta.

---

[54] A feiticeira de Évora é uma das personagens mais populares e misteriosas das lendas da magia em Portugal e na Península Ibérica. Até onde conduzem as pesquisas, não pode ser considerada figura histórica; no entanto, sua fama é suficiente para considerá-la arquétipo mítico de um certo tipo de maga. Seus ensinamentos passaram de geração em geração, por séculos, o que passou a designar toda uma escola de ensinamentos considerados ocultos.

Quando sustentada longamente, toda perda mal resolvida provoca processos infecciosos no perispírito, originando muitos casos de nódulos pelo corpo físico.

As pombagiras, na condição de doutoras em esgotamento etérico, conseguem limpar e transformar essas fibroses astrais em questão de segundos, quando a pessoa ainda está encarnada.

Como educadoras, elas primeiro limpam e depois recomendam que mergulhemos nas raízes profundas do medo, nos quais se encontram nossos velhos problemas com a perda mal elaborada, que pode degenerar-se em revolta, vingança, mágoa, tristeza e várias dores emocionais.

Entretanto, quando a pessoa desencarna sem resolver essas pendências, torna-se mais delicado extirpá-las na faixa de vida do plano espiritual. É o caso de Salete, que perdeu o corpo material dessa forma.

Continuamos a andar no longo corredor. Gonçalo parecia uma criança analisando os mínimos detalhes.

Chegamos a um ponto no qual encontravam-se espíritos inconscientes recém-chegados. Paramos diante de um leito onde duas pombagiras realizavam um trabalho minucioso.

Um homem de meia idade estava sendo higienizado. Espessas crostas de cor marrom, que recordavam barro endurecido, eram retiradas de todo o seu corpo. Ele permanecia imóvel, embora fosse nítido que aquilo feria a sua pele perispiritual. As duas jovens estavam com pequenas pinças, que lembravam as usadas no mundo físico para cirurgias, retirando vermes que se alojavam na cabeça dele. Tinha o couro cabeludo que lembrava o de uma Medusa.[55] Vermes, que tinham o tamanho de pequenas minhocas, agitavam-se com metade de seus corpos à vista. Eles eram extraídos facilmente e depositados em um pote na mesinha ao lado. O pote já estava quase cheio, e as pequenas larvas mantinham-se vivas e em movimento.

Ao olhar o quadro, Gonçalo se arrepiou todo e teve náuseas. O cheiro realmente era quase insuportável. As pombagiras usavam máscaras de tecido no nariz e mantinham-se atentas e em silêncio, mesmo diante de nossa presença.

E então chegou-se até nós um exu que estava cuidando daqueles pacientes e nos saudou:

— Pai João, sua bênção. Mojubá, meu velho querido! – e fez um sinal de cumprimento para Gonçalo com o rosto.
— Querido Marabô, que Zambi o ampare.
— Este é um caso de depressão, loucura e suicídio, Pai João. Foi resgatado em lamaçais nos arredores de grande cidade carioca. Atirou-se num mangue.

---

[55] Medusa é famosa na mitologia grega, onde ficou conhecida pela sua aparência, uma vez que é representada com serpentes no lugar dos cabelos.

— Que lamentável!

— Esses casos aumentaram. E o pior é que a família nem localizou o corpo. Supõe que foi extermínio por latrocínio. Jamais imaginaram que alguém se mataria nesse lugar.

— Muito triste!

— Está sendo bem cuidado pelas Nazarenas.

— Que Deus os proteja e a elas também, pelo trabalho iluminado de amor.

Saímos dali muito reflexivos. Andamos um pouco mais e logo Gonçalo indagou:

— Quem são essas Nazarenas, Pai?

— No mundo espiritual, quando precisamos acionar alguma medida em favor daqueles que pensam em suicídio ou estão com baixa vontade de viver, as mais chamadas para o socorro e amparo são essas pombagiras.

Elas possuem uma habilidade mental rara, a de conseguir reativar o instinto de sobrevivência, por meio de intervenções cirúrgicas no perispírito e ação magnética sobre os chacras, os quais, em muitas pessoas, se encontram completamente comprometidos pela depressão.

As pombagiras nazarenas são especialistas no assunto. Trabalham sob a tutela de Maria de Nazaré, a mãe santíssima. Todos que tiverem dramas com suicídio orem mais por elas, pensem mais nelas, criem conexão com elas.

— Que lindo isso! Essas duas que estão trabalhando na cabeça desse homem são nazarenas?

— Sim. Todas essas que você está vendo aqui, nessa seção, são nazarenas. São aproximadamente 100 leitos só para esses casos.

— Elas demonstram grande capacidade psicológica e sensibilidade. Sinto-me tocado na alma.

— As pombagiras nazarenas, na condição de Embaixadoras do Cristo, realizam serviços corajosos, e alguns deles com exclusividade.

Seus principais campos de atuação no bem são proteger as mulheres, as crianças, cuidar de grávidas e de toda a gestação, amparar potenciais suicidas, olhar pelos moradores de rua, trombadinhas, alcoólatras, prostitutas, drogaditos e afins. Daí serem conhecidas, com muito respeito, como "mulheres da rua".

São muito hábeis em socorrer quem sofre a dor dos relacionamentos rompidos, das mães que perderam filhos, da depressão que abate, das abortistas, do desconsolo com a traição e as diversas tragédias da vida afetiva, que envolvem a mágoa e a perda.

Elas, atualmente, trabalham ativamente para libertar a mulher de toda forma de opressão masculina, seja de que ordem for, como agressões, estupros, assédio moral e sexual, pedofilia e crimes diversos que tipificam abuso de força e desrespeito à fragilidade da mulher.

Adoram também os animais. Se alguém precisar de ajuda para animais, peça para as pombagiras nazarenas. Amam gatos, em particular. E são também cuidadoras da família.

Seguimos nossa visitação passando por várias modalidades de atendimento à dor. Mesmo visitando com frequência tal local, parecia que cada visita era a primeira vez. O trabalho de amor e dedicação dos exus e pombagiras era tocante, falava mesmo ao coração, como destacou Gonçalo. A vontade é de não sair mais dali, pelo volume de esperança, conforto e libertação que se operava sob a atuação deles.

Passamos então, por último, na seção de pacientes muito atormentados, uma seção de encarceramento onde ficavam algemados e contidos por medicação. Era uma seção bem perto do próximo corredor para onde iríamos nos deslocar, a cadeia do local.

Chegando ao fim daquele grande bloco da enfermaria, iniciamos a visita às prisões. O clima modificou-se. Era uma vibração mais pesada. Ouviam-se gritos e palavrões, gemidos e cantilenas repetidas exaustivamente por corações completamente desorientados. Ali também os pacientes mais agressivos eram separados daqueles que se encontravam em tratamento e transferidos para celas individuais e muitos bem monitoradas. O material que revestia todo aquele bloco era composto por tecnologia que impedia o acesso por meio de ondas mentais ou de aparelhos emissores de sinais. Um isolamento total e jamais visto em nenhuma prisão.

Diferentemente dos sistemas de justiça humana, não havia advogados particulares, e sim uma equipe que cuidava de todos os casos.

Gonçalo mostrava-se tenso e ao mesmo tempo curioso. Fomos passando de cela em cela. A maioria delas, na primeira seção, era fechada. Sequer era possível verificar quem lá estava, até que chegamos em uma parte na qual podíamos ver, somente por um pequeno quadrado, os rostos dos pacientes presos. E por fim, no último bloco, havia uma cela bem similar à do mundo físico, com a diferença que todos estavam algemados e nitidamente medicados, pelo estado em que se apresentavam. Alguns falavam com dificuldade, outros apenas nos olhavam e balbuciavam algumas palavras não compreensíveis.

Chegamos então em um ponto que nos traria muitas reflexões. Uma mulher abatida, descabelada, soltava muitos líquidos pela boca. Tinha algumas feridas na testa e tentava cuspir em nós. Não conseguia falar nada. As algemas eram na própria cama, impedindo completamente os seus movimentos. O odor era nauseante. Aqueles presos recebiam asseio constante, mas ainda assim produziam farto volume de fluidos corporais repugnantes, em função de seu estado mental e espiritual. Aquela mulher parecia ter nos reconhecido e se agitou. Gonçalo, ao perceber de quem se tratava, não se conteve, entre assustado e surpreso. Fez um gesto de desagrado e temor e disse:

— Pai João, é a Cigana da Sedução?
— Ela mesma, meu filho.

— Meu Deus! Em que estado ela se encontra! Que tristeza! Não sabia que tinha vindo para cá.

Assim que ele pronunciou essa frase, ela se agitou ainda mais, cuspindo com força em nossa direção, embora não tenha conseguido nos atingir. Muito fragilizada, ao fazer esforço para esse gesto agressivo, notava-se como seu peito arfava em completo descompasso. Estava nitidamente cansada e sem energias. Com muita atenção e foco, conseguimos entender uma palavra que ela repetia sem parar.

— Pai, estou enganado ou ela está dizendo "Osório, Osório, Osório"?
— Sim, é isso mesmo, Gonçalo. Vamos nos distanciar um pouco. Assim podemos conversar melhor.

Após nos afastarmos um pouco, esclareci:

— A Cigana da Sedução foi presa em uma situação de completo desfalecimento e abuso. Inimigos dela a cercaram e a usaram como puderam em abusos sexuais seguidos e agressões intermináveis. Foi Baixinho, com a sua equipe, que a resgatou, trazendo-a para cá. Segundo os adversários, ela era culpada por Osório ter se enrascado com traficantes e acabado com toda a organização representada pela casa "religiosa" que o médium fundou.

O ódio dela foi todo direcionado para o médium, sendo que ela nem imagina o que ele passou e está passando, mantendo-se em completa ilusão a respeito do que verdadeiramente aconteceu por lá.

— O mal dessas almas é que todos usam e abusam de todos, não é Pai?

— Acima de tudo, em grupos desse nível, todos buscam o próprio interesse pessoal. Não há união. Ao contrário, nos grupos onde alguém faz as vontades de outros e atende às necessidades do próximo, eles se ajudam mutuamente.

Continuamos a visitar os leitos. Percebi que Gonçalo não se sentia muito bem. De repente, ouvimos alguém me chamando bem alto:

— Pai João! Pai João!

Era o Baixinho, que se mostrava perceptivelmente alterado e nervoso, vindo em nossa direção.

— Pai, aconteceu!

— Osório?

— Ele mesmo, pai. Tentou suicídio há algumas horas. Jogou-se de um prédio com as cadeiras de roda.

— E como ele está?

— Em coma profundo. Tememos que as equipes de servidores do mal procurem sequestrá-lo, fora do corpo.

— Tome todas as providências, com minha autorização.

— Sim, pai. Já farei isso.

— Onde está o corpo?

— No Souza Aguiar[56].

— Mantenha-me informado de tudo, Baixinho. Logo verificarei a situação.

---

[56] Hospital Municipal Souza Aguiar, na cidade do Rio de Janeiro.

— Obrigado, Pai João. Deixe conosco, vamos mandar uma equipe agora mesmo.

O caso de Osório abalou ainda mais a Gonçalo, que disse:

— É pura coincidência ou tinha algo a ver com o que a Cigana estava dizendo?

— Ela certamente sentiu algo, dada a vinculação que tem com Osório.

— Que desfecho terrível o desse médium e da Cigana!

— Quase sempre esse é o desfecho de quem desrespeita a mediunidade e os valores do bem.

Pela gravidade da notícia, e também porque já se alongava o tempo de visitação, resolvemos voltar aos afazeres de nossas rotinas e deixamos para conhecer o Centro Preparatório em outra ocasião.

Sem a presença de Salete, não seria proveitoso participar da palestra que dona Maria Mulambo daria mais tarde. Mudamos os planos.

Tomamos assim as primeiras medidas relativamente ao caso de Osório.

Organizamos a equipe em direção ao Hospital Souza Aguiar...[57]

---

[57] Por orientação de Pai João de Angola, vamos transformar os livros *Guardiãs do amor – a missão das pombagiras na Terra*, o *Guardiões do carma – a missão dos Exus na Terra* e o terceiro livro, ainda não psicografado, na *Trilogia Espíritos do bem*. A continuidade das narrativas sobre os casos analisados na presente obra será publicada na próxima. Nota do médium em 21/04/19.

06

ENTREVISTA SOBRE MAGIA DE AMARRAÇÃO NO AMOR COM POMBAGIRA MARIA MULAMBO

1) Dona Maria Mulambo, existe mesmo magia de amarração para "trazer o amor de volta"?

Claro que existe utilização das energias da magia para esse fim. Deus criou o Universo com pulsões de energia, que são a base de todas as transmutações. Um mago com juízo e percepção acentuada do bem coletivo e do equilíbrio das forças não aplica as pulsões de energia para esse fim.

O mesmo não posso dizer de quem busca esse caminho para interesses próprios. Quem precisa desses recursos para conquistar alguém, precisa também de psicólogo para pôr o juízo no lugar e descobrir o que estragou tanto, dentro de si mesmo, para afastar as pessoas do seu caminho.

Quem busca amarração tem de tudo no coração, menos amor. Tem tormenta sexual, carência afetiva, pavor de ficar só, baixa autoestima, interesses materiais, indolência em buscar suas conquistas e outros quadros enfermiços que beiram a revolta e a frustração.

Tudo isso, em vez de trazer alguém para o amor, traz pessoas na mesma frequência vibratória, pessoas atormentadas e vazias.

Tem muita gente fazendo amarração no amor sem reconhecer o que ela própria faz para afastar os portadores da legítima energia do amor. São pessoas carregadas de mau humor, exigentes, controladoras, individualistas, péssimas companhias até para si mesmas e profundamente desequilibradas e irritantes.

Aquela pessoa que diz: "Fizeram alguma coisa contra mim, só pode! Nada dá certo no meu casamento, no meu trabalho e na minha vida!", em verdade, dá uma declaração de incompetência pessoal e/ou abatimento diante de alguma prova. É mais fácil encontrar causas do lado de fora, acusar a sorte, dizer que foi macumba dos inimigos...

Poucos têm a coragem de assumir sua incapacidade de gerir com sabedoria a sua existência. Assumir que fez más escolhas na vida é muito desafiador.

Magia existe e, quando mal utilizada, é de amargar. Mas incompetência é de matar também. Magia ruim só pega em quem consente com as forças contrárias, que fez por onde merecer experimentar o que os seus inimigos desejam.

Os magos do mundo espiritual têm nos ensinado que esse tipo de magia é uma força de oposição cujo único objetivo é nos levar a reconhecer nossas vulnerabilidades. Um espelho de nossas fraquezas. Se ela acontecer é um sintoma de que não estamos curando nossas doenças morais, é um atestado de que não estamos nos comportando bem diante das leis universais e da consciência íntima. É um indício de que temos muito a rever na conduta amorosa e nos relacionamentos de uma maneira geral.

2) Como funciona esse mecanismo de magia?

O ponto mais essencial de uma magia está na natureza da intenção e dos sentimentos que o AGENTE – quem faz a magia – direciona para o ALVO – quem a recebe.

Os elementos utilizados na execução da magia, tais como ferramentas, oferendas, ritos, etc., apenas servem como polarizadores magnéticos que direcionam para o alvo as intenções desejadas, tornando-se condensadores que armazenam energias. Eles sozinhos não fazem a magia, conquanto agreguem e distribuam fontes energéticas que podem ser usadas pelos desencarnados que atendem aos pedidos realizados nos ritos.

Nesse sentido, e tomando por base a intenção e os sentimentos, os relacionamentos humanos estão carregados de energia da inveja, mágoa, culpa, raiva, tristeza, medo e outras emoções experimentadas na convivência com os outros, que são como elos energéticos que unem pessoas e constroem correntes invisíveis, os elementos mais poderosos na magia mal direcionada.

Vivemos em teias energéticas que se assemelham a um "lote residencial" onde está erguida nossa casa astral.

Pense em todas as pessoas com quem você convive ou conviveu, aquelas de que você gosta ou detesta, aquelas que já partiram e outras tantas. Assim você terá uma ideia de como é seu "lote astral" e quantas e quais energias estão rolando.

Não é preciso sacrificar animais ou elaborar um ritualismo complexo para fazer o mal e nem fazer juras e promessas para magos do além. Tem pessoas que "residem" na sua teia que nunca procuraram por magia, mas que lhe faz muito mal, ou então é você que pode estar com seus pensamentos e sentimentos provocando o mal nos outros.

A magia, quando empregada para interferir na vida alheia, é coisa de criança, fantasia de meninos metidos a super-heróis poderosos da parte de quem faz e de gente fraca da parte de quem pede. E como macumba é algo que existe mesmo, o mundo se torna um pouco mais infeliz por conta dessa insanidade.

3) Quem pratica magia de amarração é alguém que carrega o mal?

Existem pessoas assim. Maldosas, carregadas de ódio e infelicidade, que não medem nenhuma consequência, mas quem faz isso são pessoas frustradas, que desejam passar a impressão de poderosas, são pessoas que não aceitam a vida como ela é. São mais revoltadas que maldosas, imaturas do que interesseiras.

O traço essencial do amor é a escolha profunda da alma que deseja estar com alguém e cuidar dele, sendo amado na mesma proporção.

Magia é uma intervenção no sentimento, é forçar um acontecimento.

Se alguém não quer amar alguém por livre e espontânea decisão, magia é o caminho mais infeliz.

Mas eu entendo. Tem muita criança mimada com 50 anos ou mais que prefere ter alguém a ser amada. Isso faz parte da experiência que une amor e dor, muita decepção no caminho é o que a espera.

4) Pombagiras fazem amarração de amor?

As pombagiras verdadeiras educam para conquistar o amor. O amor possível, o amor merecido e não comprado.

Elas educam as pessoas para serem adultos e entenderem que a vida não é um jogo de inteligência. A vida é constituída de frequências que abrem ou fecham os caminhos. As pombagiras ampliam a visão do que fecha e do que abre os caminhos para relações humanas ricas de amor.

As legítimas pombagiras são espelhos cuja função é mostrar aos que as buscam que eles próprios são os maiores obstáculos ao amor, com os seus interesses ilusórios, com a sua preguiça em lutar por suas metas, com a sua estima arruinada, com o seu costume de não reconhecer como eles mesmos afastam as pessoas de suas próprias vidas.

5) Magia separa casais?

A magia não separa casais. O que separa casais é falta de respeito, a falta de carinho e a falta de amor. A magia é apenas um sopro naquilo que já está inclinado a cair.

Ela é só um ingrediente a mais que perturba e piora o quadro dos conflitos já existentes entre os cônjuges.

6) E sobre quem faz magia para separar casais, qual é a situação espiritual?

São pessoas com visão grosseira da vida. Que se entorpeceram com o conhecimento que possuem da manipulação das forças da natureza. Atolaram-se nas armadilhas secretas e ilusórias do ego.

Estão atraindo para a sua própria existência um futuro repleto de dor, por interferir negativamente na lei cármica. O tempo vai lhes mostrar o preço de tudo isso.

Muitos deles já estão com a vida desenhada para que a lei de retorno se cumpra, na proporção daquilo que desejam ou fazem aos outros.

7) Como fazer um pedido às pombagiras para o amor legítimo?

Não há uma fórmula. Vou deixar uma sugestão para exercitar a conexão conosco. Segue isso:

"Pombagiras do bem[58], eu me dirijo a vocês para pedir e louvar. Eu tenho esperança no amor.

Caso haja algo interferindo na minha vida amorosa ou

---

[58] Na Umbanda, há uma falange que atua muito diante desses pedidos, as Pombagiras de Sara, referindo-se a Santa Sara Kali – padroeira dos Ciganos e inspiradora de uma falange de pombagiras que trabalha pela educação das relações amorosas.

na minha procura por um relacionamento maduro, peço, em nome da justiça e da lei de merecimento, que intercedam em meu favor, removendo qualquer obstáculo.

Se o obstáculo for interno, eu rogo que me auxiliem a entender como resolver as minhas próprias limitações. Quero ser alguém que mereça esse grande amor que procuro.

Se o obstáculo for externo, eu suplico que ampliem a minha percepção, para remover qualquer pedra do meu caminho.

Que aquilo que for de meu merecimento se manifeste e o que for a minha necessidade, aconteça.

Acima da minha vontade, que haja leis sábias que conspirem para meu bem, afastando-me ou auxiliando-me a superar o desespero, a revolta, a carência e a frustração.

Eu confio a vocês o meu pedido pela presença do amor em minha vida. Um amor que me nutra, agregue e seja bom para a minha caminhada espiritual, material e emocional."

8) O que mais pode travar a vida amorosa de alguém?

Duas causas principais se apresentam: sexo em desalinho e fim de relacionamentos, tóxicos ou não, mal curados.

O sexo em desalinho pode comparecer na vida das pessoas com profundos conflitos devido à indefinição de seu gênero, naquelas que adulteram e causam mágoas profundas com as suas traições, nos sensualistas presos a modelos de beleza e ilusões do ego, nos abstinentes que não conseguem se melhorar e se agarram a profundas censuras internas, nos viciados em prazer sem qualquer cunho ético, enfim, em qualquer tipo de conduta infeliz com uso da sexualidade que reduz a frequência vibratória à condição de ímã de atração para perturbações e dores.

Por sua vez, os términos de relacionamento mal resolvidos internamente impedem o avanço da maturidade emocional, mantendo a pessoa em dores relativas ao passado, emitindo uma frequência de carência e mágoa que resulta em uma energia que afasta o amor da convivência e cria climas para a rejeição.

9) Haveria como identificar uma pessoa que tenha sido alvo de magia nos relacionamentos amorosos?

Seguem algumas dicas de prováveis comportamentos indicadores, mas que, ainda assim, necessitam de uma criteriosa avaliação para afirmar que sejam fruto de magia:

- Quando a pessoa toma atitudes de se sacrificar financeiramente pela pessoa amada;
- Quando a pessoa coloca toda a sua vida naquele relacionamento, esquecendo deveres e obrigações pessoais;
- Quando a pessoa quebra com todas as suas regras pessoais de conduta sexual, afetiva e moral para agradar ao outro;

- Quando ela tem o pensamento fixo na pessoa amada 24 horas por dia;
- Quando você não tem nenhum discernimento entre o que vale ou não a pena manter na sua vida;
- Quando você sofre e se desequilibra quando a pessoa amada não lhe é recíproca.

Toda vulnerabilidade que coloca em risco o seu equilíbrio pessoal é a porta pela qual entra qualquer negatividade que pode piorar e destruir um relacionamento.

30 ENSINAMENTOS DA POMBAGIRA MARIA MULAMBO

1 - Sobre essa versão social, e muito difundida, de que os homens machistas são portadores da doença do preconceito, nós, as mulheres lúcidas do astral, enxergamos algo muito mais grave e enfermiço, que é a falta de educação masculina para adquirir comportamentos adultos e maduros. A rigor, os machistas, antes de tudo, são insensíveis, egoístas e mimados. São adultos que não cresceram emocionalmente, não só em relação às mulheres, mas em vários setores da vida.

2 - No mundo espiritual, desenvolvi a habilidade de escutar o som das lágrimas de uma mãe que chora a perda de um filho, esteja ela em que lugar for nesse planeta.

3 - Quanto mais você aprende a vibrar espontaneamente com a felicidade alheia, mais se enriquece de bênçãos e oportunidades na vida.

4 - A Falange das Pombagiras é uma hierarquia no mundo astral cuja missão é educar o ser humano para transformar a sedução em sensibilidade, o desejo em sensualidade vitalizadora, e a sexualidade em expressão do amor genuíno.

5 - Maria, a mãe santíssima, decretou que olhássemos por todas as mães do mundo com especial carinho, e hoje somos a hierarquia que mais atende as dores nos casos de aborto, suicídio, traições dolorosas, mágoas profundas,

filhos com dependência química e todas as tragédias emocionais que envolvem a família no planeta. Nossa tarefa é secar lágrimas e fortalecer corações feridos.

6 - A egrégora[59] das pombagiras aqui no astral é a hierarquia que mais acesso tem às servidoras diretas de Jesus, sob coordenação de Maria, mãe de nosso Senhor.

7 - Nós, as pombagiras, trabalhamos para que o ser humano explore, com mais sabedoria, a riqueza da sua alma feminina, do seu traço de sensibilidade e empatia, para que a humanidade compreenda, por meio de atitudes, que um mundo melhor só será construído com homens e mulheres mais amáveis e tocados pela amorosidade.

8 - A humanidade ainda precisa da justiça para aplainar os caminhos, entretanto, só o amor será capaz de criar um planeta melhor, porque para amar teremos que curar nossos sentimentos, passar por uma profunda transformação de conduta, sob o clarão da ética do bem e da cidadania comportamental.

9 - Não existirá um mundo melhor sem sentimentos melhores.

10 - A justiça é fundamental e precisa ser aplicada, mas o planeta não vai melhorar somente para poder prender corruptos e maldosos. O mundo vai melhorar quando você pensar no seu vizinho com bondade e tirar o seu salto alto quando chegar em casa de madrugada, para não o incomodar.

---

[59] As egrégoras são constituídas pelas forças espirituais criadas a partir da soma de energias coletivas emocionais e psíquicas de uma associação de duas ou mais pessoas.

Só haverá melhores políticos, melhores educadores, melhores jovens, melhores empresários, melhores religiosos, quando a bondade, o perdão, a empatia e a o amor estiverem na base da educação moderna, quando a matéria principal de uma escola for **convivência com amorosidade e respeito pelo outro**.

11 - Eis a cura para quem realmente quer levar a sério a sua própria felicidade: identificar, fazer contato e transformar suas vulnerabilidades. Cada ponto fraco de sua personalidade é o mapa para se apossar de um potencial adormecido.

12 - Seu cargo e seu conhecimento religioso não definem nada a seu respeito. Seu caráter, sua bondade e sua forma amorosa de viver e conviver, isso sim faz toda a diferença.

Títulos religiosos e bagagem de cultura espiritual só são úteis para que você use com mais habilidade e consciência as suas forças e talentos em favor do bem e da paz.

13 - A religião é caminho e não meta. A meta é o amor, e só com amor você pode ter uma vida em paz, dormir e descansar, ter bons amigos, saber como lidar com suas dores, aprender a se defender da maldade alheia, acordar com planos para viver, usufruir de liberdade para escolher o melhor, enfim, ter sossego interior.

Não se equivoque com bandeiras e rótulos. Isso é coisa de ego. E o ego é a rota de fuga para velhas e falidas experiências da alma.

14 - Quando você aprende como fechar o chacra solar, todo olho gordo e energia tóxica que vem de outra pessoa bate na tela búdica ou membrana energética de imunidade astral, e aquela força infeliz volta à sua origem.

O chacra solar é o fulcro de energias mais influente em assuntos de magia e defesa pessoal, é como um "nariz da alma" por onde se respira o que está nos ambientes e nas pessoas, ou também se expele toda força de contaminação que já o atingiu.

15 - Quando se diz: "esse ambiente ou essa pessoa estão carregados", o problema não está nisso. O problema existirá se o nosso campo energético estiver com fissuras e reagentes químicos energéticos que atuam como catalisadores que favorecem a intromissão parasitária com efeitos danosos à nossa saúde.

16 - Quem ama e quer manter uniões de valor, com substância moral, zele pela conduta leal e pela riqueza de amorosidade. Essa, sim, é a fonte mais poderosa contra olho gordo e contra as energias viciadas espalhadas pelas pessoas infelizes, que não souberam como edificar um relacionamento sólido e gratificante.

17 - Encontrar um amor de forma espontânea já está complicado nesses tempos de transição planetária, imagina o que se pode arrumar com um amor "amarrado por magia".

A carência afetiva transforma adultos em crianças imaturas emocionalmente.

Amor é algo valioso demais para ser "arranjado ou encomendado". Mas tem gente que gosta de encrenca... Prefere isso a ficar sozinho... São enfermos a caminho de mais frustração e dor na vida.

18 - Quem não desenvolveu seu amor próprio ainda não está na vibração do merecimento para ter um relacionamento de amor verdadeiro.

19 - As verdadeiras pombagiras são portadoras da força feminina, guardiãs do sagrado feminino nos homens e mulheres. Essa energia é uma das sete vibrações que vão edificar o mundo de regeneração no planeta.

20 - Exu é justiça e carma em ação. Pombagira é amor e empoderamento interior. Exu é para fora. Pombagira é para dentro.

21 - A terra não será um lugar melhor para se viver sem que os homens e as mulheres se apoderem da força do sagrado feminino. Com essa força, homens são mais amáveis e mulheres assumem a bondade que educa e liberta.

22 - Não confunda mulheres exibicionistas, fruto de frustração psicológica, com pombagiras. Nós, as moças das encruzilhadas astrais, somos muito bem resolvidas.

23 - Sim, as pombagiras amam brincos e anéis, beleza e roupas lindas. Estética é pertinente a mulheres bem resolvidas e de amor próprio. Não aceitamos favores por conta disso, e tanto quem dá, como quem aceita essa troca, adoeceu na vaidade e não sabe.

24 - Uma pombagira verdadeira dá a maior atenção e tem o maior respeito por qualquer pedido nos assuntos do coração. Pode pedir o que você quiser. No entanto, não atendemos caprichos pessoais que refletem a loucura da carência e da imaturidade emocional em muitas solicitações. Nossa missão como educadoras do feminino humano é abrir os olhos de quem confia em nós para os perigos de usar a magia nos temas do coração.

Pombagira que se preza tem três traços essenciais para essa postura:

a) Tem acesso à ficha cármica de cada pessoa;

b) Sabe como pensam as crianças de 13 a 90 anos, que adoram doces ilusões;

c) Não somos agência ou balcão de relacionamentos e nem escravas de dinheiro.

25 - Pombagira é mulher de coragem. Não baixamos cabeça para enfermos de machismo que adoram dominar usando riqueza, e nem para manipuladoras que adoram fazer jogo com a mentira.

Somos mulheres autênticas, que têm a ousadia de enfrentar a sombra da falsidade. A mulher autêntica nada mais é que alguém que descobriu o seu poder pessoal. Esse é o resultado de aprender o amor a si mesmo e não aceitar menos do que merecemos.

26 - Moço, os lares estão precisando falar mais de Deus. Os pais que desejam trabalhar pelo bem da humanidade podem pensar em começar esse bem educando melhor os seus filhos, inspirados na ideia lúdica de Deus.

Um Deus que brinca, um Deus que ajuda, um Deus que protege, um Deus que é bondoso e um Deus que abraça. Menos religiosismo e mais amor. Menos celular e mais conversa.

27 - Não peça homem ou mulher para pombagira. Não peça para resolver seus problemas de amor. Peça a ela para ajudar você a enxergar o que está cheirando mal em seu coração que impede alguém de lhe desejar, de lhe querer e de gostar da sua companhia. Peça a ela visão e humildade para ver o que você está fazendo ou deixando de fazer para afastar o amor. Não somos funcionárias de correio para ficar fazendo entregas ou balcão de oportunidades para arranjar uma vida amorosa para você.

Quer nosso espelho para enxergar o que tá rolando aí dentro de você? Chame-nos e nos peça coragem para se olhar e amadurecer, criança mimada.

28 - Amorosidade é conduta. É algo que brota nas fibras da alma, quando se esforça para romper a casca grosseira do egoísmo. O interesse pelo próximo, a empatia a respeito das particularidades alheias e a atitude de respeito são algumas expressões de amorosidade aplicada e sentida.

Há quem queira relacionamentos felizes sem vibrar amorosidade em sua convivência. Relacionamentos saudáveis e duradouros são resultado de quem tem abundância de atitudes afetivas e alegria espontânea com o bem alheio, em quaisquer relacionamentos. Essa pessoa tem uma frequência rica de humor, sinceridade e autenticidade, criando a aura da atração para tudo de melhor em seu favor, inclusive um grande amor de verdade.

29 - Quer melhorar a sua sensibilidade e ser mais amável?

Aprenda a pedir para as pombagiras, as rainhas poderosas da energia do sagrado feminino. Com elas por perto, mulheres transformam carência em amor próprio.

Com elas por perto, homens transformam atitudes machistas em sensibilidade, cortesia, bondade e expressões divinas do sagrado feminino.

30 - Se as pessoas tivessem mais informações sobre o bem que as pombagiras têm feito para os lares no mundo, bateriam o joelho no chão para agradecer tantos benefícios.

Quer é o endereço de uma pombagira? Vá atrás delas... Você acha. Elas adoram ser procuradas e chamadas.

Na verdade, estamos sempre por perto.

Epílogo

EXUS, ESPÍRITOS DO BEM

Que louvado seja Nosso Senhor Jesus Cristo.

Desde o lançamento de o *Guardiões do Carma*, umbandistas, espíritas, universalistas e uma diversidade de corações abertos a verdade da vida espiritual, debruçaram-se com carinho e atenção sobre a temática.

A narrativa mediúnica sobre a missão dos Exus e alguns apontamentos sobre Pombagiras na obra referida, foi acolhida com muito interesse e curiosidade por parte de diversos estudiosos e praticantes da espiritualidade. Isso motivou nossa equipe de trabalho a dar sequência ao assunto com base nas dúvidas e pesquisas mais frequentes em torno dessas entidades espirituais, tão amadas e tão temidas pela multidão.

Destinamos aos amigos leitores um novo volume somente sobre o trabalho encantador das Pombagiras e, posteriormente, permita-nos Deus, enviaremos um último volume no qual ampliaremos um pouco mais sobre os serviços libertadores desses Guardiões do Bem e da luz na nossa casa planetária.

Concluiremos assim a trilogia ESPÍRITOS DO BEM, cujo propósito é deixar claro aos homens na matéria a integração e quebra de barreiras dos servidores do Cristo, para que a regeneração se instale na humanidade, e que os homens percebam mais conscientemente como o mundo espiritual atua em favor da proteção e do progresso no bem coletivo.

Deus seja conosco em nossos esforços no bem.

Minha bênção a todos!

PAI JOÃO DE ANGOLA.

BELO HORIZONTE, JUNHO DE 2019.

FICHA TÉCNICA

Título
Guardiãs do amor - a missão das pombagiras na Terra

Autoria
Espírito Pai João de Angola
Psicografia de Wanderley Oliveira

Edição
1ª

ISBN
978-85-7219-004-6

Capa
César Oliveira

Projeto gráfico e diagramação
César Oliveira

Revisão da diagramação
Nilma Helena

Preparação de originais
Maria José e Nilma Helena

Revisão ortográfica
Rodrigo Brasil e Nilma Helena

Composição
Adobe Indesign 2019
(plataforma Windows 10)

Tamanho
Miolo: 16 x 23cm
Capa: 16x23cm com orelhas de 8cm

Páginas
232

Tipografia
Texto principal: Chronicle Text G1, 13pt
Diálogo: Chronicle Text G1, 13pt
Título: Sitka 14pt
Notas de rodapé: AmerType Md BT 8pt

Margens
20mm:25mm:28mm:20mm
(superior:inferior:interna;externa)

Papel
Miolo Norbrite 66,6g
Capa papel Suzano 250g/m2

Cores
Miolo 1x1 cor
Capa em 4x0 CMYK

Acabamento
Miolo: Brochura, cadernos de 32
páginas, costurados e colados.
Capa: Laminação Fosca

Impressão
Rettec Artes Gráficas e Editora

Tiragem
7.000 exemplares

Produção
Julho 2019

Nossas Publicações

DEPRESSÃO E AUTOCONHECIMENTO - COMO EXTRAIR PRECIOSAS LIÇÕES DESSA DOR

A proposta de tratamento complementar da depressão aqui abordada tem como foco a educação para lidar com nossa dor, que muito antes de ser mental, é moral.

Wanderley Oliveira
16 x 23 cm
235 páginas

FALA, PRETO VELHO

Um roteiro de autoproteção energética através do autoamor. Os textos aqui desenvolvidos permitem construir nossa proteção interior por meio de condutas amorosas e posturas mentais positivas, para criação de um ambiente energético protetor ao redor de nossas vidas.

Wanderley Oliveira | Pai João de Angola
16 x 23 cm
291 páginas

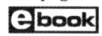

QUAL A MEDIDA DO SEU AMOR?

Propõe revermos nossa forma de amar, pois estamos mais próximos de uma visão particularista do que de uma vivência autêntica desse sentimento. Superar limites, cultivar relações saudáveis e vencer barreiras emocionais são alguns dos exercícios na construção desse novo olhar.

Wanderley Oliveira | Ermance Dufaux
16 x 23 cm
208 páginas

APAIXONE-SE POR VOCÊ

Você já ouviu alguém dizer para outra pessoa: "minha vida é você"?
Enquanto o eixo de sua sustentação psicológica for outra pessoa, a sua vida estará sempre ameaçada, pois o medo da perda vai rondar seus passos a cada minuto.

Wanderley Oliveira
16 x 23 cm
152 páginas

A VERDADE ALÉM DAS APARÊNCIAS - O UNIVERSO INTERIOR

Liberte-se da ansiedade e da angústia, direcionando o seu espírito para o único tempo que realmente importa: o presente. Nele você pode construir um novo olhar, amplo e consciente, que levará você a enxergar a verdade além das aparências.

Samuel Gomes
16 x 23 cm
272 páginas

DESCOMPLIQUE, SEJA LEVE

Um livro de mensagens para apoiar sua caminhada na aquisição de uma vida mais suave e rica de alegrias na convivência.

Wanderley Oliveira
16 x 23 cm
238 páginas

7 CAMINHOS PARA O AUTOAMOR

O tema central dessa obra é o autoamor que, na concepção dos educadores espirituais, tem na autoestima o campo elementar para seu desenvolvimento. O autoamor é algo inato, herança divina, enquanto a autoestima é o serviço laborioso e paciente de resgatar essa força interior, ao longo do caminho de volta à casa do Pai.

Wanderley Oliveira | Pai João de Angola
16 x 23 cm
272 páginas

A REDENÇÃO DE UM EXILADO

A obra traz informações sobre a formação da civilização, nos primórdios da Terra, que contou com a ajuda do exílio de milhões de espíritos mandados para cá para conquistar sua recuperação moral e auxiliar no desenvolvimento das raças e da civilização. É uma narrativa do Apóstolo Lucas, que foi um desses enviados, e que venceu suas dificuldades íntimas para seguir no trabalho orientado pelo Cristo.

Samuel Gomes | Lucas
16 x 23 cm
368 páginas

AMOROSIDADE - A CURA DA FERIDA DO ABANDONO

Uma das mais conhecidas prisões emocionais na atualidade é a dor do abandono, a sensação de desamparo. Essa lesão na alma responde por larga soma de aflições em todos os continentes do mundo. Não há quem não esteja carente de ser protegido e acolhido, amado e incentivado nas lutas de cada dia.

Wanderley Oliveira | Ermance Dufaux
16 x 23 cm
300 páginas

MEDIUNIDADE - A CURA DA FERIDA DA FRAGILIDADE

Ermance Dufaux vem tratando sobre as feridas evolutivas da humanidade. A ferida da fragilidade é um dos traços mais marcantes dos aprendizes da escola terrena. Uma acentuada desconexão com o patrimônio da fé e do autoamor, os verdadeiros poderes da alma.

Wanderley Oliveira | Ermance Dufaux
16 x 23 cm
235 páginas

CONECTE-SE A VOCÊ - O ENCONTRO DE UMA NOVA MENTALIDADE QUE TRANSFORMARÁ A SUA VIDA

Este livro vai te estimular na busca de quem você é verdadeiramente. Com leitura de fácil assimilação, ele é uma viagem a um país desconhecido que, pouco a pouco, revela características e peculiaridades que o ajudarão a encontrar novos caminhos. Para esta viagem, você deve estar conectado a sua essência. A partir daí, tudo que você fizer o levará ao encontro do propósito que Deus estabeleceu para sua vida espiritual.

Rodrigo Ferretti
16 x 23 cm
256 páginas

APOCALIPSE SEGUNDO A ESPIRITUALIDADE - O DESPERTAR DE UMA NOVA CONSCIÊNCIA

Num curso realizado em uma colônia do plano espiritual, o livro Apocalipse, de João Evangelista, é estudado de forma dinâmica e de fácil entendimento, desvendando a simbologia das figuras místicas sob o enfoque do autoconhecimento.

Samuel Gomes
16 x 23 cm
313 páginas

VIDAS PASSADAS E HOMOSSEXUALIDADE - CAMINHOS QUE LEVAM À HARMONIA

"Vidas Passadas e Homossexualidade" é, antes de tudo, um livro sobre o autoconhecimento. E, mais que uma obra que trada do uso prático da Terapia de Regressão às Vidas Passadas . Em um conjunto de casos, ricamente descritos, o leitor poderá compreender a relação de sua atual encarnação com aquelas que ele viveu em vidas passadas. O obra mostra que absolutamente tudo está interligado. Se o leitor não encontra respostas sobre as suas buscas psicológicas nesta vida, ele as encontrará conhecendo suas vidas passadas.
Samuel Gomes

Dra. Solange Cigagna
16 x 23 cm
364 páginas

SÉRIE CONSCIÊNCIA DESPERTA

SAIA DO CONTROLE - UM DIÁLOGO TERAPEUTICO E LIBERTADOR ENTRE A MENTE E A CONSCIÊNCIA

Agimos de forma instintiva por não saber observar os pensamentos e emoções que direcionam nossas ações de forma condicionada. Por meio de uma observação atenta e consciente, identificando o domínio da mente em nossas vidas, passamos a viver conscientes das forças internas que nos regem.

Rossano Sobrinho
16 x 23 cm
268 páginas

e book

SÉRIE CULTO NO LAR

VIBRAÇÕES DE PAZ EM FAMÍLIA

Quando a família se reune para orar, ou mesmo um de seus componetes, o ambiente do lar melhora muito. As preces são emissões poderosas de energia que promovem a iluminação interior. A oração em família traz paz e fortalece, protege e ampara a cada um que se prepara para a jornada terrena rumo à superação de todos os desafios.

Wanderley Oliveira | Ermance Dufaux
16 x 23 cm
212 páginas

e book

JESUS - A INSPIRAÇÃO DAS RELAÇÕES LUMINOSAS

Após o sucesso de "Emoções que curam", o espírito Ermance Dufaux retorna com um novo livro baseado nos ensinamentos do Cristo, destacando que o autoamor é a garantia mais sólida para a construção de relacionamentos luminosos.

Wanderley Oliveira | Ermance Dufaux
16 x 23 cm
304 páginas

e book

REGENERAÇÃO - EM HARMONIA COM O PAI

Nos dias em que a Terra passa por transformações fundamentais, ampliando suas condições na direção de se tornar um mundo regenerado, é necessário desenvolvermos uma harmonia inabalável para aproveitar as lições que esses dias nos proporcionam por meio das nossas decisões e das nossas escolhas, [...].

Samuel Gomes | Diversos Espíritos
16 x 23 cm
223 páginas

e book

PRECES ESPÍRITAS

Porque e como orar?
O modo como oramos influi no resultado de nossas preces?
Existe um jeito certo de fazer a oração?
Allan Kardec nos afirma que *"não há fórmula absoluta para a prece"*, mas o próprio Evangelho nos orienta que *"quando oramos, devemos entrar no nosso aposento interno do coração e, fechando a porta, busquemos Deus que habita em nós; e Ele, que vê nossa mais secreta realidade espiritual, nos amparará em todas as necessidades. Ao orarmos, evitemos as repetições de orações realizadas da boca para fora, como muitos que pensam que por muito falarem serão ouvidos. Oremos a Deus em espírito e verdade porque nosso Pai sabe o que nos é necessário, antes mesmo de pedirmos "*. (Mateus 6:5 a 8)

Allan Kardec
16 x 23 cm
145 páginas

O EVANGELHO SEGUNDO O ESPIRITISMO

O Evangelho de Jesus Cristo foi levado ao mundo por meio de seus discípulos, logo após o desencarne do Mestre na cruz. Mas o Evangelho de Cristo foi, muitas vezes, alterado e deturpado através de inúmeras edições e traduções do chamado Novo Testamento. Agora, a Doutrina Espírita, por meio de um trabalho sob a óptica dos espíritos e de Allan Kardec, vem jogar luz sobre a verdadeira face de Cristo e seus ensinamentos de perdão, caridade e amor.

Allan Kardec
16 x 23 cm
431 páginas

 SÉRIE **DESAFIOS DA CONVIVÊNCIA**

QUEM SABE PODE MUITO. QUEM AMA PODE MAIS

A lição central desta obra é mostrar que o conhecimento nem sempre é suficiente para garantir a presença do amor nas relações. "Estar informado é a primeira etapa. Ser transformado é a etapa da maioridade." - Eurípedes Barsanulfo.

Wanderley Oliveira | José Mário
16 x 23 cm
312 páginas

QUEM PERDOA LIBERTA - ROMPER OS FIOS DA MÁGOA ATRAVÉS DA MISERICÓRDIA

Continuação do livro "QUEM SABE PODE MUITO. QUEM AMA PODE MAIS" dando sequência à trilogia "Desafios da Convivência".

Wanderley Oliveira | José Mário
16 x 23 cm
320 páginas

SERVIDORES DA LUZ NA TRANSIÇÃO PLANETÁRIA

Nesta obra recebemos o convite para nos integrar nas fileiras dos Servidores da Luz, atuando de forma consciente diante dos desafios da transição planetária. Brilhante fechamento da trilogia.

Wanderley Oliveira | José Mário
14x21 cm
298 páginas

SÉRIE ESPÍRITOS DO BEM

GUARDIÕES DO CARMA - A MISSÃO DOS EXUS NA TERRA

Pai João de Angola quebra com o preconceito criado em torno dos exus e mostra que a missão deles na Terra vai além do que conhecemos. Na verdade, eles atuam como guardiões do carma, nos ajudando nos principais aspectos de nossas vidas.

Wanderley Oliveira | Pai João de Angola
16 x 23 cm
288 páginas

GUARDIÃS DO AMOR - A MISSÃO DAS POMBAGIRAS NA TERRA

"São um exemplo de amor incondicional e de grandeza da alma. São mães dos deserdados e angustiados. São educadoras e desenvolvedoras do sagrado feminino, e nesse aspecto são capazes de ampliar, nos homens e nas mulheres, muitas conquistas que abrem portas para um mundo mais humanizado, [...]".

Wanderley Oliveira | Pai João de Angola
16 x 23 cm
232 páginas

GUARDIÕES DA VERDADE - NADA FICARÁ OCULTO

Neste momento de batalhas decisivas rumo aos tempos da regeneração, esta obra é um alerta que destaca a importância da autenticidade nas relações humanas e da conduta ética como bases para uma forma transparente de viver. A partir de agora, nada ficará oculto, pois a Verdade é o único caminho que aguarda a humanidade para diluir o mal e se estabelecer na realidade que rege o universo.

Wanderley Oliveira | Pai João de Angola
16 x 23 cm
236 páginas

SÉRIE ESTUDOS DOUTRINÁRIOS

ATITUDE DE AMOR

Opúsculo contendo a palestra "Atitude de Amor" de Bezerra de Menezes, o debate com Eurípedes Barsanulfo sobre o período da maioridade do Espiritismo e as orientações sobre o "movimento atitude de amor". Por uma efetiva renovação pela educação moral.

Wanderley Oliveira | Ermance Dufaux e Cícero Pereira
14 x 21 cm
94 páginas

SEARA BENDITA

Um convite à reflexão sobre a urgência de novas posturas e conceitos. As mudanças a adotar em favor da construção de um movimento social capaz de cooperar com eficácia na espiritualização da humanidade.

Wanderley Oliveira e Maria José Costa | Diversos Espíritos
14 x 21 cm
284 páginas

Gratuito em nosso site, somente em:

NOTÍCIAS DE CHICO

"Nesta obra, Chico Xavier afirma com seu otimismo natural que a Terra caminha para uma regeneração de acordo com os projetos de Jesus, a caracterizar-se pela tolerância humana recíproca e que precisamos fazer a nossa parte no concerto projetado pelo Orientador Maior, principalmente porque ainda não assumimos responsabilidades mais expressivas na sustentação das propostas elevadas que dizem respeito ao futuro do nosso planeta."

Samuel Gomes | Chico Xavier
16 x 23 cm
181 páginas

SÉRIE FAMÍLIA E ESPIRITUALIDADE

UM JOVEM OBSESSOR - A FORÇA DO AMOR NA REDENÇÃO ESPIRITUAL

Um jovem conta sua história, compartilhando seus problemas após a morte, falando sobre relacionamentos, sexo, drogas e, sobretudo, da força do amor na redenção espiritual.

Adriana Machado | Jefferson
16 x 23 cm
392 páginas

UM JOVEM MÉDIUM - CORAGEM E SUPERAÇÃO PELA FORÇA DA FÉ

A mediunidade é um canal de acesso às questões de vidas passadas que ainda precisam ser resolvidas. O livro conta a história do jovem Alexandre que, com sua mediunidade, se torna o intermediário entre as histórias de vidas passadas daqueles que o rodeiam tanto no plano físico quanto no plano espiritual. Surpresos com o dom mediúnico do menino, os pais, de formação Católica, se veem às voltas com as questões espirituais que o filho querido traz para o seio da família.

Adriana Machado | Ezequiel
16 x 23 cm
365 páginas

RECONSTRUA SUA FAMÍLIA - CONSIDERAÇÕES PARA O PÓS-PANDEMIA

Vivemos dias de definição, onde nada mais será como antes. Necessário redefinir e ampliar o conceito de família. Isso pode evitar muitos conflitos nas interações pessoais. O autoconhecimento seguido de reforma íntima será o único caminho para transformação do ser humano, das famílias, das sociedades e da humanidade.

Dr. Américo Canhoto
16 x 23 cm
237 páginas

SÉRIE HARMONIA INTERIOR

LAÇOS DE AFETO - CAMINHOS DO AMOR NA CONVIVÊNCIA

Uma abordagem sobre a importância do afeto em nossos relacionamentos para o crescimento espiritual. São textos baseados no dia a dia de nossas experiências. Um estímulo ao aprendizado mais proveitoso e harmonioso na convivência humana.

Wanderley Oliveira | Ermance Dufaux
16 x 23 cm
312 páginas

 ESPANHOL

MEREÇA SER FELIZ - SUPERANDO AS ILUSÕES DO ORGULHO

Um estudo psicológico sobre o orgulho e sua influência em nossa caminhada espiritual. Ermance Dufaux considera essa doença moral como um dos mais fortes obstáculos à nossa felicidade, porque nos leva à ilusão.

Wanderley Oliveira | Ermance Dufaux
16 x 23 cm
296 páginas

 ESPANHOL

REFORMA ÍNTIMA SEM MARTÍRIO - AUTOTRANSFORMAÇÃO COM LEVEZA E ESPERANÇA

As ações em favor do aperfeiçoamento espiritual dependem de uma relação pacífica com nossas imperfeições. Como gerenciar a vida íntima sem adicionar o sofrimento e sem entrar em conflito consigo mesmo?

Wanderley Oliveira | Ermance Dufaux
16 x 23 cm
288 páginas

 ESPANHOL   INGLÊS

PRAZER DE VIVER - CONQUISTA DE QUEM CULTIVA A FÉ E A ESPERANÇA

Neste livro, Ermance Dufaux, com seus ensinos, nos auxilia a pensar caminhos para alcançar nossas metas existenciais, a fim de que as nossas reencarnações sejam melhor vividas e aproveitadas.

Wanderley Oliveira | Ermance Dufaux
16 x 23 cm
248 páginas

ESCUTANDO SENTIMENTOS - A ATITUDE DE AMAR-NOS COMO MERECEMOS

Ermance afirma que temos dado passos importantes no amor ao próximo, mas nem sempre sabemos como cuidar de nós, tratando-nos com culpas, medos e outros sentimentos que não colaboram para nossa felicidade.

Wanderley Oliveira | Ermance Dufaux
16 x 23 cm
256 páginas

 ESPANHOL

DIFERENÇAS NÃO SÃO DEFEITOS - A RIQUEZA DA DIVERSIDADE NAS RELAÇÕES HUMANAS

Ninguém será exatamente como gostaríamos que fosse. Quando aprendemos a conviver bem com os diferentes e suas diferenças, a vida fica bem mais leve. Aprenda esse grande SEGREDO e conquiste sua liberdade pessoal.

Wanderley Oliveira | Ermance Dufaux
16 x 23 cm
248 páginas

EMOÇÕES QUE CURAM - CULPA, RAIVA E MEDO COMO FORÇAS DE LIBERTAÇÃO

Um convite para aceitarmos as emoções como forma terapêutica de viver, sintonizando o pensamento com a realidade e com o desenvolvimento da autoaceitação.

Wanderley Oliveira | Ermance Dufaux
16 x 23 cm
272 páginas

 **ebook**

SÉRIE REFLEXÕES DIÁRIAS

PARA SENTIR DEUS

Nos momentos atuais da humanidade sentimos extrema necessidade da presença de Deus. Ermance Dufaux resgata, para cada um, múltiplas formas de contato com Ele, de como senti-Lo em nossas vidas, nas circunstâncias que nos cercam e nos semelhantes que dividem conosco a jornada reencarnatória. Ver, ouvir e sentir Deus em tudo e em todos.

Wanderley Oliveira | Ermance Dufaux
11 x 15,5 cm
133 páginas
Somente **ebook**

LIÇÕES PARA O AUTOAMOR

Mensagens de estímulo na conquista do perdão, da aceitação e do amor a si mesmo. Um convite à maravilhosa jornada do autoconhecimento que nos conduzirá a tomar posse de nossa herança divina.

Wanderley Oliveira | Ermance Dufaux
11 x 15,5 cm
128 páginas

Somente  **ebook**

RECEITAS PARA A ALMA

Mensagens de conforto e esperança, com pequenos lembretes sobre a aplicação do Evangelho para o dia a dia. Um conjunto de propostas que se constituem em verdadeiros remédios para nossas almas.

Wanderley Oliveira | Ermance Dufaux
11 x 15,5 cm
146 páginas

Somente  **ebook**

SÉRIE REGENERAÇÃO

FUTURO ESPIRITUAL DA TERRA

As necessidades, as estruturas perispirituais e neuropsíquicas, o trabalho, o tempo, as características sociais e os próprios recursos de natureza material se tornarão bem mais sutis. O futuro já está em construção e André Luiz, através da psicografia de Samuel Gomes, conta como será o Futuro Espiritual da Terra.

Samuel Gomes | André Luiz
16 x 23 cm
344 páginas

XEQUE-MATE NAS SOMBRAS - A VITÓRIA DA LUZ

André Luiz traz notícias das atividades que as colônias espirituais, ao redor da Terra, estão realizando para resgatar os espíritos que se encontram perdidos nas trevas e conduzi-los a passar por um filtro de valores, seja para receberem recursos visando a melhorar suas qualidades morais – se tiverem condições de continuar no orbe – seja para encaminhá-los ao degredo planetário.

Samuel Gomes | André Luiz
16 x 23 cm
212 páginas

A DECISÃO - CRISTOS PLANETÁRIOS DEFINEM O FUTURO ESPIRITUAL DA TERRA

"Os Cristos Planetários do Sistema Solar e de outros sistemas se encontram para decidir sobre o futuro da Terra na sua fase de regeneração. Numa reunião que pode ser considerada, na atualidade, uma das mais importantes para a humanidade terrestre, Jesus faz um pronunciamento direto sobre as diretrizes estabelecidas por Ele para este período."

Samuel Gomes | André Luiz e Chico Xavier
16 x 23 cm
210 páginas

SÉRIE ROMANCE MEDIÚNICO

OS DRAGÕES - O DIAMANTE NO LODO NÃO DEIXA DE SER DIAMANTE

Um relato leve e comovente sobre nossos vínculos com os grupos de espíritos que integram as organizações do mal no submundo astral.

Wanderley Oliveira | Maria Modesto Cravo
16 x 23cm
522 páginas

LÍRIOS DE ESPERANÇA

Ermance Dufaux alerta os espíritas e lidadores do bem de um modo geral, para as responsabilidades urgentes da renovação interior e da prática do amor neste momento de transição evolutiva, através de novos modelos de relação, como orientam os benfeitores espirituais.

Wanderley Oliveira | Ermance Dufaux
16 x 23 cm
508 páginas

AMOR ALÉM DE TUDO

Regras para seguir e rótulos para sustentar. Até quando viveremos sob o peso dessas ilusões? Nessa obra reveladora, Dr. Inácio Ferreira nos convida a conhecer a verdade acima das aparências. Um novo caminho para aqueles que buscam respeito às diferenças e o AMOR ALÉM DE TUDO.

Wanderley Oliveira | Inácio Ferreira
16 x 23 cm
252 páginas

ABRAÇO DE PAI JOÃO

Pai João de Angola retorna com conceitos simples e práticos, sobre os problemas gerados pela carência afetiva. Um romance com casos repletos de lutas, desafios e superações. Esperança para que permaneçamos no processo de resgate das potências divinas de nosso espírito.

Wanderley Oliveira | Pai João de Angola
16 x 23 cm
224 páginas

UM ENCONTRO COM PAI JOÃO

A obra também fala do valor de uma terapia, da necessidade do autoconhecimento, dos tipos de casamentos programados antes do reencarne, dos processos obsessivos de variados graus e do amparo de Deus para nossas vidas por meio dos amigos espirituais e seus trabalhadores encarnados. Narra também em detalhes a dinâmica das atividades socorristas do centro espírita.

Wanderley Oliveira | Pai João de Angola
16 x 23 cm
220 páginas

O LADO OCULTO DA TRANSIÇÃO PLANETÁRIA

O espírito Maria Modesto Cravo aborda os bastidores da transição planetária com casos conectados ao astral da Terra.

Wanderley Oliveira | Maria Modesto Cravo
16 x 23 cm
288 páginas

PERDÃO - A CHAVE PARA A LIBERDADE

Neste romance revelador, conhecemos Onofre, um pai que enfrenta a perda de seu único filho com apenas oito anos de idade. Diante do luto e diversas frustrações, um processo desafiador de autoconhecimento o convida a enxergar a vida com um novo olhar. Será essa a chave para a sua libertação?

Adriana Machado | Ezequiel
14 x 21 cm
288 páginas

1/3 DA VIDA - ENQUANTO O CORPO DORME A ALMA DESPERTA

A atividade noturna fora da matéria representa um terço da vida no corpo físico, e é considerada por nós como o período mais rico em espiritualidade, oportunidade e esperança.

Wanderley Oliveira | Ermance Dufaux
16 x 23 cm
279 páginas

NEM TUDO É CARMA, MAS TUDO É ESCOLHA

Somos todos agentes ativos das experiências que vivenciamos e não há injustiças ou acasos em cada um dos aprendizados.

Adriana Machado | Ezequiel
16 x 23 cm
536 páginas

RETRATOS DA VIDA - AS CONSEQUÊNCIAS DO DESCOMPROMETIMENTO AFETIVO

Túlio costumava abstrair-se da realidade, sempre se imaginando pintando um quadro; mais especificamente pintando o rosto de uma mulher.
Vivendo com Dora um casamento já frio e distante, uma terrível e insuportável dor se abate sobre sua vida. A dor era tanta que Túlio precisou buscar dentro de sua alma uma resposta para todas as suas angústias..

Clotilde Fascioni
16 x 23 cm
175 páginas

O PREÇO DE UM PERDÃO - AS VIDAS DE DANIEL

Daniel se apaixona perdidamente e, por várias vidas, é capaz de fazer qualquer coisa para alcançar o objetivo de concretizar o seu amor. Mas suas atitudes, por mais verdadeiras que sejam, o afastam cada vez mais desse objetivo. É quando a vida o para.

André Figueiredo e Fernanda Sicuro | Espírito Bruno
16 x 23 cm
333 páginas

editora

LIVROS QUE TRANSFORMAM VIDAS!

Acompanhe nossas redes sociais

(lançamentos, conteúdos e promoções)

🅾 @editoradufaux

🅵 facebook.com/EditoraDufaux

▶ youtube.com/user/EditoraDufaux

Conheça nosso catálogo e mais sobre nossa editora. Acesse os nossos sites

Loja Virtual

🌐 www.dufaux.com.br

eBooks, conteúdos gratuitos e muito mais

🌐 www.editoradufaux.com.br

Entre em contato com a gente.

Use os nossos canais de atendimento

📲 (31) 99193-2230

📞 (31) 3347-1531

🌐 www.dufaux.com.br/contato

✉ sac@editoradufaux.com.br

📍 Rua Contria, 759 | Alto Barroca | CEP 30431-028 | Belo Horizonte | MG